Gutenachtgeschichten

Wunderbare Erzählungen
aus der ganzen Welt

WSkids
WHITE STAR KIDS

Inhalt

Einführung

„Erzählst du mir eine Geschichte?"

Alle Kinder auf der ganzen Welt stellen diese Frage, wenn es Zeit wird, schlafen zu gehen. Dabei spielt es keine Rolle, in welchem Land sie leben oder ob die Gutenachtgeschichten, die sie kennen und immer wieder hören, voller Feen und Kobolde oder Zebras und Giraffen sind - die kindliche Fantasie überwindet mühelos jede Grenze, jede Mauer, jeden Unterschied zwischen Kulturen und Völkern, und achtet nur auf das Wichtigste und Wesentliche: die Magie!

Dieses Buch enthält Märchen und Geschichten aus aller Welt. Sie entstammen der Tradition ferner Kulturen, gleichen sich aber in einer Hinsicht: ihrem Zauber. Die Geschichten sind kurz, unterhaltsam, voller Abenteuer und unvergesslicher Gestalten - aber frei von allem, was die kleinen Zuhörer verstören oder verängstigen und vom Einschlummern abhalten könnte.

Die Geschichten sind bestens geeignet, um Kinder glücklich in den Schlaf zu geleiten und ihnen Nacht für Nacht süße Träume zu bereiten.

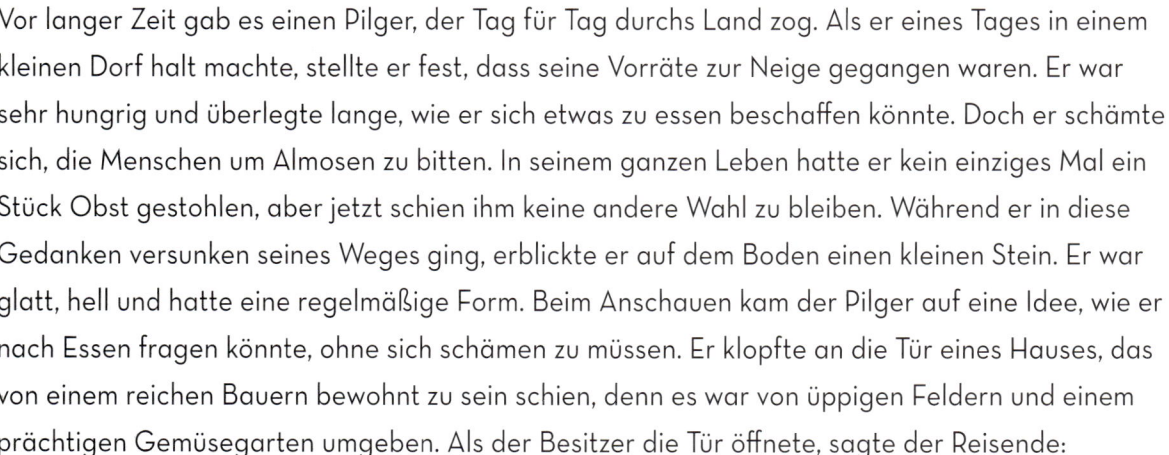

PORTUGAL
Die Steinsuppe

Vor langer Zeit gab es einen Pilger, der Tag für Tag durchs Land zog. Als er eines Tages in einem kleinen Dorf halt machte, stellte er fest, dass seine Vorräte zur Neige gegangen waren. Er war sehr hungrig und überlegte lange, wie er sich etwas zu essen beschaffen könnte. Doch er schämte sich, die Menschen um Almosen zu bitten. In seinem ganzen Leben hatte er kein einziges Mal ein Stück Obst gestohlen, aber jetzt schien ihm keine andere Wahl zu bleiben. Während er in diese Gedanken versunken seines Weges ging, erblickte er auf dem Boden einen kleinen Stein. Er war glatt, hell und hatte eine regelmäßige Form. Beim Anschauen kam der Pilger auf eine Idee, wie er nach Essen fragen könnte, ohne sich schämen zu müssen. Er klopfte an die Tür eines Hauses, das von einem reichen Bauern bewohnt zu sein schien, denn es war von üppigen Feldern und einem prächtigen Gemüsegarten umgeben. Als der Besitzer die Tür öffnete, sagte der Reisende:

„Guten Morgen, ich bin schon lange unterwegs und möchte mich kurz ausruhen. Ich habe einen magischen Stein dabei und kann damit die beste Suppe der Welt kochen. Möchtest du sie kosten?"

Bei diesen Worten zog er den Stein, den er auf der Straße gefunden hatte, aus der Tasche. Er sah zwar wie jeder andere Stein aus, aber der Bauer liebte Suppen und nahm das Angebot an. Der Reisende bat um einen Topf mit Wasser und etwas Salz und legte den Stein hinein. Als das Wasser brodelte, sagte der Reisende:

„Die Suppe ist fast fertig, aber sie wäre noch besser, wenn wir ein paar Kartoffeln hinzufügten."

„Natürlich. In meinem Gemüsegarten wachsen viele Kartoffeln", sagte der Bauer.

Nach einer Weile probierte der Reisende die Suppe:

„Sie ist fast fertig, aber sie wäre noch besser, wenn wir ein paar Möhren hinzufügten."

Der Bauer holte Möhren und gab sie in den Topf. Erneut kostete der Reisende von der Suppe und fragte nacheinander nach Kohl, Zwiebeln, Bohnen ... Dem Bauern lief bereits das Wasser im Mund zusammen, er konnte es kaum erwarten, die Suppe zu essen. Doch der Reisende sagte:

„Mein lieber Freund, diese Suppe wäre noch leckerer, wenn wir auch noch ein wenig Schweinefleisch hinzufügen würden."

Gesagt, getan, der Bauer gab das Fleisch in die Suppe. Nach ein paar Minuten war der Reisende endlich vollkommen zufrieden und sagte:

„Jetzt ist sie fertig! Es ist Zeit, die Suppe zu probieren."

Der Reisende servierte die Suppe, und die beiden Männer aßen sie schweigend. Plötzlich rief der Bauer aus:

„Du hast recht, das ist wirklich die beste Suppe, die ich je in meinem Leben gegessen habe. Dein Stein besitzt echte Zauberkraft. Verkaufst du ihn mir?"

„Es tut mir leid, das geht nicht. Ein Zauberer in einem fernen Land gab ihn mir."

„Nun, danke, dass ich wenigstens die Suppe probieren durfte!", sagte der Bauer.

Der Reisende setzte seine Reise durch weitere Länder fort und benutzte manchmal seinen magischen Stein, um etwas zu essen zu bekommen, ohne sich dafür schämen zu müssen. Das Rezept für die Steinsuppe wurde von Region zu Region weitergegeben, und auch heute noch wird das Gericht überall in Portugal serviert.

Die fleißige Henne

Eines Tages, als eine Henne hier und da auf der Suche nach Nahrung pickte und scharrte, fand sie ein Weizenkorn.

„Was für ein Glück! Ich werde es aussäen!"

Fröhlich rief sie ihre Nachbarn zusammen und bat sie, ihr dabei zu helfen, ein tiefes Loch in den Boden zu graben.

„Autsch, autsch! Meine Füße tun mir weh", sagte Zapata, die Ente.

„Autsch, autsch! Mein Rücken tut mir weh", klagte Juan, das Ferkel.

„Ich würde dir gerne helfen, aber ich bin todmüde", jammerte Luis, die Katze.

Also machte sich die Henne allein an die Arbeit: Sie lockerte den Boden mit dem Schnabel und den Krallen auf, säte das Weizenkorn und bedeckte es gut mit Erde. Jeden Tag goss sie es mit Wasser, bis ein Sämling erschien, zuerst zart und grün, dann allmählich stärker und kräftiger. Die Henne arbeitete hart, während ihre Freunde sich amüsierten und die Felder auf und ab liefen.

Endlich, eines schönen Tages, pflückte die Henne die reife Ähre. Sie mahlte das Getreide und bereitete einen köstlichen Kuchen aus dem Mehl zu, das sie gemacht hatte.

„Was für ein wunderbarer Duft! Uns läuft das Wasser im Mund zusammen!", riefen die Ente, das Ferkel und die Katze im Chor.

Aber die Henne versammelte ihre Küken um sich und feierte lieber mit ihnen.

„Nur wer gearbeitet hat, bekommt ein Stück Kuchen, nicht Müßiggänger wie ihr", sagte sie zu ihren Nachbarn und schnitt den köstlichen Kuchen auf.

Die Mäuse und die Katze

Es war einmal ein Kater, der hieß Rodilardus. Er war ein großer Mäusejäger. Die wenigen Mäuse, die noch übrig waren, wagten es nicht, ihre Verstecke zu verlassen. So bekamen sie nicht einmal ein Viertel der Nahrung, die sie gebraucht hätten, um ihren Hunger zu stillen.

Eines Tages begab sich der Kater auf Reisen, um persönliche Angelegenheiten zu regeln. Die Mäuse nutzten seine Abwesenheit, um sich zu treffen und zu besprechen, wie sie der großen Gefahr, in der sie schwebten, ein Ende setzen könnten. Der große Häuptling - eine alte Maus, deren Klugheit weithin gerühmt wurde - eröffnete die Sitzung und sagte, dass sie eine Möglichkeit finden müssten, Rodilardus schnellstmöglich eine Glocke umzubinden. Wenn der Kater sich dann auf die Jagd nach den kleinen Nagern begäbe, wären die Mäuse durch die Glocke gewarnt und hätten Zeit, in ihre Verstecke zu fliehen. Es schien keine bessere Lösung zu geben, und alle Mäuse stimmten dem weisen Alten zu.

Das einzige Problem bestand darin, dem Kater die Glocke umzuhängen.

Eine Maus sagte: „Ich mache es nicht. Ich bin doch nicht verrückt!"

Eine andere murmelte: „Ich würde das niemals zuwege bringen!"

Die Besprechung endete, ohne dass sie eine Lösung fanden, denn die Mäuse konnten sich nicht einigen, wer dem Kater die Glocke umhängen sollte.

Und so hausen die Mäuse immer noch verängstigt in ihren Verstecken und hoffen, den Krallen des großen Katers weiterhin zu entkommen.

Der magische Dichter

Vor langer Zeit lebte auf der Grünen Insel ein Dichter, der ein sehr außergewöhnliches Instrument besaß. Es war eine magische Harfe, deren schöne Musik jeden, an dessen Ohr sie drang, berührte, sie erfüllte auch alle Wünsche. Eines Tages begab sich der Dichter in die Stadt Ten. Die Nacht brach herein, und die Stadttore waren bereits verschlossen und verriegelt.

Er klopfte und klopfte, bis schließlich ein Wächter erschien:

„Was willst du, Fremder?"

„Ich bin kein Fremder, ich bin ein Dichter!"

„Ha, ha", lachte der Wachmann. „Wir brauchen keinen Dichter!"

„Und was braucht ihr?", fragte der Dichter. „Einen Schmied vielleicht?"

Er berührte die Harfe, und im nächsten Augenblick erschienen einige Schmiedewerkzeuge.

„Nein", erwiderte der Wächter. „Wir haben alle Schmiede, Bauleute und Handwerker, die wir brauchen."

„Dann sag deinem König, dass draußen vor dem Tor ein Mann steht, der alles kann!"

Das tat der Wächter. Neugierig geworden, ließ der König den Mann zum Palast bringen. Als erste Prüfung bat er ihn, den Hofnarren zum Sprechen zu bringen, der sein ganzes Leben noch

kein einziges Wort gesagt hatte. Der Dichter legte seine Hände an die Harfe und spielte eine solch schöne Melodie, dass der Untertan des Königs sogleich zu singen anhob. Der ganze Hofstaat war verblüfft, hieß den Dichter in seiner Mitte willkommen und ehrte ihn wie einen König.

Eines Tages griffen schreckliche Feinde die Stadt an und belagerten sie. Lange Zeit hatten die Menschen kaum genug zu essen. So ging der Dichter zum König und bat ihn um Erlaubnis, die Angelegenheit zu regeln. Der König war sehr dankbar, aber sprachlos, als sich der Dichter in das feindliche Lager wagte und Gefahr lief, gefangen genommen zu werden. Doch kaum kam der Dichter dort an, sagte er: „Mein König sandte mich, um euch, als Zeichen des Friedens, mit Musik und Gesang zu unterhalten."

Die Wächter verspotteten ihn, doch der General erlaubte ihm zu singen.

Lugh, so hieß der Dichter, nahm seine Harfe und spielte so zauberhaft, dass alle gerührt waren. Dann sprach er: „Harfe, verwandle all diese Ritter in Pferde!" Und so geschah es.

Einige von ihnen wurden von den Stallknechten abgeführt, andere wurden in die Wildnis entlassen. Die Legende erzählt, dass aus ihnen die irische Pferderasse hervorging.

Der gierige Bäcker

In einem Dorf in Schottland lebte einmal ein sehr guter, aber auch sehr fauler Bäcker namens Donald. Doch Faulheit war nicht sein einziger Makel. Donald war auch so gemein, dass keiner wagte, ihn um etwas zu bitten. Denn sprang für ihn selbst nichts dabei heraus, machte Donald keinen Finger krumm.

Eines Tages backte er drei Kuchen. Zwei verkaufte er gleich am Morgen, doch der dritte blieb unbeachtet im Schaufenster, und am Nachmittag hatte ihn immer noch keiner gekauft.

Da kam ein reisender Schuster an der Bäckerei vorbei, auf der Suche nach Schuhen, die repariert werden mussten. Sein Blick fiel auf den köstlichen Kuchen, und da er nur wenig Geld in der Tasche hatte, betrat er die Bäckerei in der Hoffnung, ihn im Tausch gegen Arbeit zu erwerben.

Doch Donald hatte keine kaputten Schuhe, und so bot der Schuster ihm sogar ein Paar ganz neue rote Schuhe an.

„Nun", dachte der Bäcker, „im Augenblick sind sie mir nicht von Nutzen, aber ich könnte sie weiterverkaufen. Der Kuchen verdirbt nur, wenn er noch länger dort steht, ein Paar Schuhe tut es nicht!" Und so wurden die beiden Männer handelseinig.

Der Bäcker schlüpfte in seine neuen Schuhe, die wie durch Zauberei wie angegossen saßen.

Doch nach einer halben Stunde fühlte er einen stechenden Schmerz im Fuß, als wären die Schuhe plötzlich geschrumpft, und er hörte eine zarte Stimme von unten.

„He, du fauler Bäcker! Siehst du nicht, wie schmutzig dein Ofen ist? Und wann hast du zum letzten Mal den Boden gewischt? Hopp hopp, leg los! Putze, wische, mach sauber!"

Die Schmerzen in seinen Füßen wurden immer schlimmer, dass Donald der zarten Stimme schließlich nachgab und seinen Besen holte.

Das schmerzhafte Drücken ließ nach, und während Donald den Boden schrubbte, wurden die Schuhe weiter. Als der Ofen fertig geputzt war und glänzte, fühlten sich die Schuhe sehr weich und bequem an. „Nun kann ich den Laden schließen und mein Abendessen kochen", dachte er.

Er ging nach Hause und verriegelte seine Tür, doch als er nach einem Topf griff ... begannen seine Schuhe wieder qualvoll zu drücken. Auch die zarte Stimme war wieder da! Sie sagte:

„Wie kannst du in einem Haus essen, in dem noch nicht einmal das Bett gemacht ist? Und das schmutzige Geschirr von gestern steht immer noch in der Spüle! Hopp hopp, leg los! Putze, wische, mach sauber!"

Diesmal wusste Donald genau, wie er den Schmerz loswerden konnte, und er begann wie wild zu putzen, bis sein Haus blitzsauber war. Währenddessen wurden die Schuhe wieder sehr bequem. Als er sie vor dem Schlafengehen auszog, glitten sie ganz leicht von seinen Füßen. Er schlief tief und fest, und als er am nächsten Morgen aus dem Bett stieg, wollte er sich seine alten Stiefel anziehen. Doch schwupp! ... schlüpften die roten Schuhe an seine Füße!

Donald begab sich in seine Bäckerei und backte wie am Vortag drei Kuchen. Als der Vormittag halb um war, hatte er schon zwei verkauft. Zur Mittagszeit kam eine alte Frau in den Laden und wollte zwei Stücke vom letzten Kuchen im Schaufenster.

„Nein!", antwortete Donald, „entweder alles oder nichts."

„Aber ich habe nur zwei Münzen, das reicht nicht, um den ganzen Kuchen zu kaufen", erwiderte die alte Frau traurig.

Während sie das sagte, spürte er, wie seine Schuhe enger wurden, sogar noch enger als am Tag zuvor, und er hörte die zarte Stimme sagen:

„Schäme dich, du gemeiner alter Kerl! Hör auf, hin und her zu überlegen! Das ist ein großer Kuchen, sei nicht so knauserig!"

Weil Donald den furchtbaren Schmerz an seinen Füßen nicht länger ertragen konnte, sagte er hastig zu der Frau:

„Na gut, ich schneide Ihnen zwei Stücke ab!", und reichte sie ihr gleich.

Die alte Frau dankte ihm, bezahlte mit ihren zwei Münzen und ging.

Die Schuhe lockerten ihren Griff und wurden zwar etwas bequemer, aber noch lange nicht bequem genug. Der alte Bäcker versuchte, sich einen Schuh auszuziehen, doch der saß so fest, als wäre er an seinen Fuß geklebt.

In diesem Augenblick kamen drei Kinder an der Bäckerei vorbei, und seltsamerweise lud Donald sie zu sich herein:

„Möchtet ihr ein Stück Kuchen?", fragte er sie, und bevor sie antworten konnten, hatte er schon drei Stücke für sie abgeschnitten. Den Kindern stand vor Staunen der Mund offen. Sie vergaßen sogar, ihm zu danken, weil sie schnell wegrannten aus Furcht, der Bäcker - der sich sehr seltsam benahm - könnte es sich plötzlich anders überlegen. Donald lachte herzlich und sagte zu sich selbst:

„Heute Abend werde ich das letzte Stück essen. Mein Laden ist sauber, desgleichen mein Haus, und ich fühle mich wirklich gut."

Seine Schuhe schmerzten nicht mehr – im Gegenteil, sie fühlten sich an wie zwei warme, bequeme Hausschuhe. Als er an jenem Abend schlafen ging, tat es ihm fast leid, dass er sie ausziehen musste.

Als Donald am nächsten Morgen aufwachte und sich anzog, um in seinen Laden zu gehen, waren die Schuhe verschwunden. Er suchte überall, doch vergeblich. Er fand sie nicht an jenem Tag, auch nicht am nächsten oder übernächsten.

Seine Lektion hatte er gelernt: Seit er nicht mehr faul, gemein und geizig war und sich anderen gegenüber großzügiger zeigte, führte er ein sehr viel glücklicheres Leben als zuvor.

GROSSBRITANNIEN
Das Rotschwänzchen

Bei ihrem morgendlichen Spaziergang am Flussufer erblickte die mürrische alte Katze Robby Rotschwänzchen.

„Wohin des Weges, Robby Rotschwänzchen?", fragte die mürrische alte Katze.

„Ich begebe mich zu seiner Majestät, dem König. Ich möchte ihm mit einem Lied einen guten Morgen wünschen", antwortete Robby Rotschwänzchen.

„Komm mal zu mir herüber, Robby Rotschwänzchen", sagte die mürrische alte Katze. „Ich möchte dir mein wunderschönes Halsband zeigen."

„Keinesfalls komme ich dir näher", erwiderte Robby Rotschwänzchen. „An deiner Stelle würde ich mir eine Maus fangen, denn ich werde sicher nicht dein Mittagsmahl."

Und Robby Rotschwänzchen erhob sich eilends in die Luft und flog davon. Er setzte sich erst wieder nieder, als er zu der großen Hecke kam, auf der Pecky, der alte Sperber, hockte.

„Wohin des Weges, Robby Rotschwänzchen?", fragte Pecky, der alte Sperber.

„Ich begebe mich zu seiner Majestät, dem König. Ich möchte ihm mit einem Lied einen guten Morgen wünschen", antwortete Robby Rotschwänzchen.

„Komm mal zu mir herüber, Robby Rotschwänzchen", sagte Pecky, der alte Sperber. „Ich will dir die schönen Federn auf meinen Flügeln zeigen."

„Keinesfalls komme ich dir näher", erwiderte Robby Rotschwänzchen. „An deiner Stelle würde ich mir eine Lerche fangen, denn ich werde sicher nicht dein Mittagsmahl."

Und Robby Rotschwänzchen erhob sich eilends in die Luft und flog davon. Er setzte sich erst wieder nieder, als er zu einer Schlucht kam, in der er auf den schlauen Fuchs traf.

„Wohin des Weges, Robby Rotschwänzchen?", fragte der schlaue Fuchs.

„Ich begebe mich zu seiner Majestät, dem König. Ich will ihm mit einem Lied einen guten Morgen wünschen", antwortete Robby Rotschwänzchen.

„Komm mal zu mir herüber, Robby Rotschwänzchen", sagte der schlaue Fuchs. „Ich will dir die elegante Markierung auf meiner Schwanzspitze zeigen."

„Keinesfalls komme ich dir näher", erwiderte Robby Rotschwänzchen. „An deiner Stelle würde ich mir ein Lamm fangen, denn ich werde sicher nicht dein Mittagsmahl."

Und Robby Rotschwänzchen erhob sich eilends in die Luft und flog davon. Er setzte sich erst wieder nieder, als er ans Ufer eines Flusses kam, wo ein junger Mann saß.

„Wohin des Weges, Robby Rotschwänzchen?", fragte der junge Mann.

„Ich begebe mich zu seiner Majestät, dem König. Ich möchte ihm mit einem Lied einen guten Morgen wünschen", antwortete Robby Rotschwänzchen.

„Komm mal zu mir herüber, Robby Rotschwänzchen", sagte der junge Mann. „Ich habe die Taschen voller schöner Steine und möchte dir ein paar davon schenken."

„Keinesfalls komme ich dir näher", erwiderte Robby Rotschwänzchen. „An deiner Stelle würde ich mir eine Taube fangen, denn mich fängst du sicher nicht."

Und Robby Rotschwänzchen erhob sich eilends in die Luft und flog davon. Er setzte sich erst wieder nieder, als er den Palast des Königs erreichte. Dort setzte er sich auf die Fensterbank und wünschte ihm mit einem zauberhaften kleinen Lied einen guten Morgen. Der König lauschte seinem Gesang und sprach zur Königin: „Was könnten wir unserem begabter Robby Rotschwänzchen als Belohnung für seinen wunderschönen Gesang geben?"

„Wir könnten ihm ein Finkenmädchen zur Frau geben", schlug die Königin vor. Und so geschah es. Robby Rotschwänzchen heiratete die Finkendame, und der König, die Königin und der ganze Hofstaat tanzten bei der Hochzeitsfeier.

Nach dem Fest flog Robby Rotschwänzchen mit seiner Frau nach Hause zu den Büschen am Fluss, und dort hüpft er auch heute noch fröhlich umher.

Der schlaue Spatz

Es war einmal eine hungrige Katze, die auf der Suche nach Nahrung durch einen Park streifte. Ein paar Meter vor sich erblickte sie einen Spatz. Mit einem Satz packte sie ihn und hielt ihn mit ihren Krallen fest. Die Katze war stolz auf ihre Jagdkünste, und beim Anblick des köstlichen Schmauses lief ihr das Wasser im Mund zusammen. Unsere Freundin spielte ein wenig mit ihrer Beute – wie Katzen es zu tun pflegen –, doch als sie sie schließlich verschlingen wollte, sprach der Spatz zu ihr:

„Katze, du erstaunst mich. Weißt du denn nicht, dass die Katze des Königs und ihre ganze Familie niemals etwas verspeisen, ohne sich zuvor zu putzen?"

„Tatsächlich?", fragte die Katze überrascht. „Nun, ich habe keinesfalls schlechte Manieren. Ich werde es genauso machen wie die Katze des Königs."

Und das machte sie. Aber um sich zu putzen, musste die Katze erst die Beute loslassen. Das tat sie, und im nächsten Moment war der Spatz wieder frei. Die Katze merkte, dass sie hereingelegt worden war, und sprach niedergeschlagen:

„Ich wurde hereingelegt! Welch eine Dummheit von mir, auf den Spatz zu hören."
Und seitdem putzen sich alle Katzen erst, nachdem sie ihre Beute verschlungen haben.

Der Goldzeisig

Es war einmal ein Engel, der eine wichtige Aufgabe hatte. Er war dazu auserwählt, allen Vögeln der Welt Farben zu geben. Das war eine sehr langwierige und anstrengende Arbeit. Als der Engel endlich damit fertig war, hielt er einen Augenblick inne, um sich an dem überwältigenden Anblick zu erfreuen, der sich ihm nun bot: Er war von einem Feuerwerk aus leuchtenden, festlichen Farben umgeben.

Die Vögel waren sehr stolz auf ihr Aussehen. Ihre Federn glitzerten so bunt im Wasser, dass die anderen Tiere stehen blieben, um sie zu bewundern. Alle waren glücklich, mit Ausnahme des Goldzeisigs.

Aus irgendeinem Grund hatte der Engel ihn übersehen, und inmitten des Farbenmeers wirkten seine grauen Federn matt und stumpf.

Mehr als einmal hatte der Vogel versucht, den Engel auf sich aufmerksam zu machen, doch ohne Erfolg. Als der Farbenkünstler schon gehen wollte, stellte der Goldzeisig sich vor ihn und hielt ihn mit den Worten auf:

„Habe Mitleid mit mir, mein guter Engel, und färbe meine Federn so schön wie die all der anderen Vögel, damit ich mich nicht schämen muss, wenn ich neben ihnen sitze."

Der Engel entschuldigte sich für seine Vergesslichkeit. Doch seine Töpfe waren fast leer, weil er die Farben für all die anderen Vögel aufgebraucht hatte. Da kam ihm eine Idee. Er griff sich einen Pinsel, ging von Vogel zu Vogel und nahm von jedem ein wenig wunderbar leuchtende Farbe mit. Damit färbte er dann das Federkleid des Goldzeisigs.

Und so war der zuvor blasse, graue Vogel auf einmal sogar noch schöner als die anderen. Aus Dank stimmte der Goldzeisig eine wunderschöne Melodie für den Engel an, dieselbe, die wir auch heute noch von ihm hören.

Der Gartenzwerg

Im Norden Hollands lebte einmal ein bescheidener Müller, der vom Morgengrauen bis zum Sonnenuntergang arbeitete, um für seine Familie zu sorgen.

Als er eines Tages wieder sehr hart arbeitete, hörte er auf einmal eine Stimme, die verzweifelt um Hilfe rief. Der Müller eilte zu der Stelle, von der die Stimme kam, und erblickte erstaunt ein kleines, puppenartiges Wesen, das von einem Mühlstein zerquetscht zu werden drohte. Ohne an seine eigene Sicherheit zu denken, streckte der Mann seine Hand aus und half dem Winzling, in Sicherheit zu kommen.

Er sah, dass er eine Zwergin in der Hand hielt. Immer noch zitternd, blickte die winzige Frau zu ihm auf. Der Müller streichelte sie sehr vorsichtig, aus Angst, ihr weh zu tun.

Schließlich beruhigte sich die Zwergin. Dann lächelte sie den Müller an und lief davon. Der Mann blieb verdutzt zurück und fragte sich, ob er das alles nur geträumt hatte.

Wenige Minuten später erschien sie wieder, gefolgt von vielen Zwergen, die genauso klein waren wie sie. Der älteste von ihnen sprach zum Müller:

„Sie haben meiner Frau das Leben gerettet, und wir werden Ihnen ewig dankbar sein. Wenn Sie uns in Ihrer Windmühle wohnen lassen, werden Sie das niemals bereuen."

Vollkommen verblüfft, stotterte der Mann:

„Aber ... ja, natürlich. Bleibt, so lange ihr wollt."

Von diesem Tag an lebte die Zwergenfamilie in der Windmühle auf den Balken. Sie sorgte dafür, dass kein Feuer ausbrach, und warnte ihren Freund, wenn Stürme oder Gewitter aufzogen, sodass der Müller Zeit hatte, die Flügel der Windmühle festzubinden, um sie vor Schaden zu bewahren.

Wurde ein Familienmitglied des Müllers krank, brachte einer der Zwerge ihm Heilkräuter, die jede Krankheit kurierten. Manchmal genügte es auch, wenn der Zwerg dem Patienten seine kleine, faltige Hand auf die Stirn legte, damit er sofort wieder gesund wurde.

Kurz gesagt lief in der Mühle alles bestens, und der Müller brauchte sich nie wieder Sorgen darum zu machen, ob er seine Familie ernähren könnte.

Sein neuer Wohlstand und seine Fröhlichkeit weckten den Neid einiger Nachbarn. Sie erzählten allen im Dorf, dass der Mann sich mit schwarzer Magie beschäftige. Zwar hörten viele Menschen nicht auf dieses Geschwätz, doch die Gerüchte hielten sich standhaft, und die Familie des Müllers verlor viele Freunde.

Lisa, ein elfjähriges Mädchen mit Zöpfen so golden wie Weizen, war die Tochter eines besonders neidischen und heimtückischen Nachbarn. Sie war ein niedliches und sanftes Kind, wusste alles über Tiere und Pflanzen und war sehr geschickt darin, Figuren aus Ton zu modellieren. Es war schwer vorstellbar, dass dieses freundliche und hilfsbereite Wesen solch niederträchtige Eltern hatte.

Das hübsche Mädchen hatte die Geschichten über den Müller und sein plötzliches Glück gehört und wusste sofort, dass der Mann seinen Wohlstand den Zwergen verdankte und nicht schwarzer Magie, wie manche Leute glauben machen wollten.

Mehr als alles andere in der Welt wünschte sich Lisa einen eigenen Zwerg, aber sie wusste, dass die kleinen Zauberer wegen ihrer unerträglichen Eltern niemals in ihrem Haus leben würden.

Eines Tages modellierte sie einen lebensgroßen Zwerg aus Ton und brachte ihn zum Töpfer, der ihn gern für sie ihn seinem Ofen brannte.

Nachdem Lisa den Zwerg vom Töpfer zurückbekommen hatte, malte sie ihm den Hut blau, die Jacke rot und Hose und Stiefel grün an.

Dann schnitzte sie eine kleine Schubkarre aus Holz und stellte sie zusammen mit der Figur in den Garten ihres Hauses. Ihre Eltern lachten über den Zwerg, trauten sich aber nicht, ihn Lisa wegzunehmen.

Kaum hatten die Zwerge in der Windmühle von dem Gartenzwerg erfahren, rannten sie zu Lisa. Der Anblick der Figur in ihrem Garten bewegte sie zutiefst, und von diesem Tag an brachten sie dem Mädchen als Zeichen ihrer Dankbarkeit jeden Monat ein Geschenk.

Mit den Jahren wirkten sich die Freundlichkeit und Charakterstärke des Mädchens so positiv auf ihre Eltern aus, dass auch sie netter und großzügiger wurden. Infolgedessen – und auch mit ein bisschen Glück – wurden sie noch reicher, als sie schon waren. Aber wie immer zogen die Leute ihre eigenen Schlüsse und begannen sich zu erzählen:

„Wer einen Zwerg im Garten stehen hat, wird reich."

Das ist natürlich vollkommener Unsinn, wie du ganz genau weißt. Aber die Menschen glauben gerne solche Dinge! Und so begann die Tradition, dass die Menschen Gartenzwerge, mit oder ohne Schubkarre, in ihre Gärten stellen und darauf warten, dass sie reich werden.

Prinz Weißbär

Es war einmal ein König, der hatte drei Töchter. Eines Tages, als der König mit seiner ältesten Tochter zusammensaß, sahen die beiden, wie ein riesiger Bär den Hof des Schlosses betrat. Das Mädchen versuchte, den Bären zum Fortgehen zu bewegen. Doch statt zu gehen, lud er sie ein, ihn zu begleiten. Empört jagte die Prinzessin ihn fort.

Ein paar Tage später kam der Bär wieder, und die zweitälteste Schwester reagierte genauso wie die älteste.

Wiederum eine Woche später kehrte der Bär erneut zum Schloss zurück. Doch diesmal entschied sich die dritte Schwester, ihm zu folgen. Der Bär nahm sie mit zu seiner Höhle im Wald und sagte zu ihr: „Am Tag bin ich ein Bär, aber in der Nacht verwandle ich mich in einen Prinzen. Versprich mir, dass du nachts der Versuchung widerstehst, mich anzuschauen. Wenn du das sieben Jahre durchhältst, bin ich frei, und wir können heiraten!"

Zwei Jahre lebten die Prinzessin und der Bär glücklich in der Höhle. Dann hörte die Prinzessin, dass ihre älteste Schwester heiraten wollte, und beschloss, zur Hochzeit zu gehen. Ihre Familie wollte sie dazu bringen, ihren Prinzen anzuschauen, doch sie ließ sich nicht darauf ein. Zwei Jahre später besuchte die Prinzessin ihre Familie erneut zur Hochzeit der zweiten Schwester. Auch diesmal erklärte sie sich nicht bereit, das wahre Gesicht des Bären anzuschauen.

Weitere zwei Jahre vergingen, da feierte ihr Vater sein Regierungsjubiläum. Und diesmal ließ sich die Prinzessin auf dem Fest von ihrer Familie dazu überreden, ein Streichholz mitzunehmen, um das wahre Gesicht ihres Geliebten sehen zu können.

In die Höhle zurückgekehrt, zündete sie das Streichholz an und erblickte den schönsten Prinzen, den sie jemals gesehen hatte! Aber sie sah sein Gesicht nur einen Sekundenbruchteil. Der Prinz erwachte und konnte ihr gerade noch sagen, dass sie ihn in weiter Ferne wiederfinden könne, dann verschwand er. Die Prinzessin folgte ihrem Prinzen und reiste durch viele gefährliche Länder, bis sie an das verzauberte Schloss gelangte, in dem ihr Prinz in tiefem Schlaf lag.

Die Prinzessin versuchte, ihn zu wecken, aber vergebens. Unglücklich begann sie zu weinen. Da fiel eine Träne auf die Wange des Prinzen. Er erwachte. Die Liebe der Prinzessin hatte den Bann, der auf ihm lag, gebrochen. Endlich konnten die beiden heiraten, und sie lebten glücklich bis ans Ende ihrer Tage, in der Nähe des Waldes, in dem sie ihre ersten Jahre verbracht hatten.

Wie der Bär seinen Schwanz verlor

Vor langer Zeit hatte der Bär noch einen langen, buschigen Schwanz. Eines Tages begegnete er dem Fuchs, der versuchte, eine Handvoll gestohlener Fische vor ihm zu verbergen.

„Woher hast du die?", fragte der Bär.

„Ich war angeln, Herr Bär", antwortete der Fuchs.

Der Bär wollte auch Fische verspeisen und bat den Fuchs, ihm das Angeln beizubringen.

„Für dich ist das ganz einfach", antwortete der Fuchs. „Das wirst du ganz schnell lernen. Du brauchst nur auf das Eis auf dem See zu gehen, ein kleines, rundes Loch hineinzuschneiden und deinen langen Schwanz hineinzustecken. Dann wartest du eine Weile. Sei unbesorgt, wenn dein Schwanz ein wenig schmerzt. Das bedeutet, dass die Fische anbeißen. Je länger du dort verharrst, desto größer ist dein Fang. Dann ziehst du den Schwanz mit den Fischen mit einem schnellen Ruck heraus."

Der Bär tat, wie ihn der Fuchs geheißen hatte, ohne zu bemerken, dass dieser ihn hinters Licht geführt hatte. Geduldig hielt er seinen Schwanz sehr lange in das Loch, bis dieser durch und durch gefroren war. Dann erhob er sich mit einem schnellen Ruck ... und so lebt er bis heute mit einem Stummelschwanz.

Der Adler und der Zaunkönig

Der Adler und der Zaunkönig wetteiferten darum, wer von ihnen höher fliegen könnte. Der Sieger sollte der König aller Vögel werden. Der Zaunkönig stieg zuerst in die Luft auf.

Doch der Adler holte ihn ein, ließ den Zaunkönig weit hinter sich zurück und zog anmutig weite Kreise in der Luft. Der Zaunkönig wurde müde, und als der Adler wieder an ihm vorbeiflog, ließ sich der Zaunkönig unbemerkt auf dessen breitem Rücken nieder, um sich auszuruhen.

„He, Zaunkönig, wo bist du?", rief der Adler.

„Ich bin hier", antwortete der Zaunkönig, „direkt über dir." Und so gewann der listige Zaunkönig den Wettbewerb.

Die goldene Gans

Es war einmal eine Familie, die hatte drei Söhne. Den Jüngsten nannten sie den Dummling. Die Familie glaubte, er sei zu nichts nutze und nicht sehr klug.

Eines Tages ging der älteste Sohn in den Wald, um Holz zu fällen, und nahm die Brotzeit mit, die seine Mutter für ihn vorbereitet hatte. Im Wald begegnete ihm ein altes graues Männlein, das ihn um etwas Essen oder Trinken bat. Doch der junge Mann antwortete: „Ich kann dir nichts geben, weil dann für mich selbst nichts mehr übrig ist" und ließ ihn stehen. Als der junge Mann kurz darauf einen Baum fällte, verletzte er sich und musste nach Hause zurückkehren. Er wusste nicht, dass das Männlein ihn damit für sein Verhalten bestraft hatte.

Danach war der zweite Sohn an der Reihe, in den Wald zu gehen, und ihm widerfuhr dasselbe wie seinem Bruder.

Nun bat der jüngste Sohn den Vater um Erlaubnis, in den Wald zu gehen. Obwohl niemand ihm die schwere Arbeit zutraute, konnte der Dummling seinen Vater dazu überreden, ihn gehen

zu lassen. Seine Mutter gab ihm einen Laib Brot und eine Flasche Bier mit, und kaum war er im Wald angelangt, traf auch er das alte graue Männlein. Als dieses ihn um etwas Essen oder Trinken bat, antwortete der Dummling:

„Ich habe nur einen Laib in Asche gebackenes Brot und ein saures Bier, aber wenn du möchtest können wir beides zusammen essen und trinken."

Sie setzten sich, doch als der Dummling sein Brot herausnahm, hatte es sich in ein köstliches Omelett verwandelt, und das saure Bier war jetzt ein guter Wein. Sie aßen und tranken, und dann sagte das Männlein:

„Weil du ein gutes Herz hast und bereitwillig mit anderen teilst, was dir gehört, möchte ich dir etwas Glück schenken. Dort drüben steht ein alter Baum. Fälle ihn, und du wirst etwas zwischen seinen Wurzeln finden."

Der Dummling fällte den Baum und fand zwischen seinen Wurzeln eine Gans mit Federn aus reinem Gold. Er hob sie heraus, klemmte sie sich unter den Arm und ging in ein Gasthaus. Dessen Wirt hatte drei Töchter, die sich beim Anblick der Gans fragten, was für ein seltsamer Vogel das wohl sei. Zu gern hätten sie sich eine ihrer goldenen Federn genommen.

Die Älteste wartete darauf, dass der Dummling die Stube verließ, und packte die Gans am Flügel, aber ihre Finger blieben daran kleben. Kurz darauf kam die zweite Tochter: Sie ging zu ihrer Schwester hinüber, aber kaum hatte sie sie berührt, blieb sie an ihr kleben. Und genau dasselbe geschah mit der Jüngsten, die an der mittleren Schwester kleben blieb.

Am nächsten Morgen nahm der Dummling die Gans und brach auf, ohne die drei Mädchen zu befreien. Sie mussten ihm folgen, rechts herum und links herum und geradeaus. Unterwegs kamen zu diesem Anhang noch ein Pfarrer und zwei Bauern hinzu.

Schließlich kam der Dummling in die Stadt eines Königs, dessen Tochter niemals lachte. Ihr Vater hatte verkündet, dass der Mann, dem es gelänge, sie zum Lachen zu bringen, sie zur Frau bekäme. Als der Dummling das hörte, präsentierte er sich mit der Gans und ihrem gesamten Anhang der Prinzessin, und bei diesem Anblick fing die Prinzessin so herzlich an zu lachen, dass sie gar nicht mehr aufhören konnte.

Der Dummling fragte den König, ob er die Prinzessin nun heiraten dürfe, doch dieser erwiderte, er müsse zuvor noch einen Mann bringen, der einen ganzen Weinkeller leer trinken und einen ganzen Berg Brot essen könne. Der Dummling beschloss, das kleine graue Männlein um Hilfe zu bitten.

Und das war genau das Richtige. Im Nu hatte es den gesamten Weinkeller leer getrunken und den ganzen Berg Brot gegessen. Wieder fragte der Dummling den König, ob er die Prinzessin nun zur Frau bekäme, doch der König fand eine weitere Ausrede und forderte ihn auf, ihm ein Schiff zu besorgen, das ebenso gut zu Lande wie zu Wasser fahren könne. Wieder ging der Dummling in den Wald zu dem alten grauen Männlein, das zu ihm sagte:

„Ich habe für dich getrunken und gegessen, und ich werde dir auch das Schiff besorgen. Das tue ich, weil du mir Barmherzigkeit erwiesen hast."

Als der König sah, dass der Dummling das Schiff aufgetrieben hatte, konnte er nicht mehr anders, als ihm seine Tochter zur Frau zu geben. Die Hochzeit wurde ausgiebig gefeiert, der Dummling erbte das Königreich und lebte glücklich mit seiner Frau bis ans Ende seiner Tage.

Die Wichtelmänner

Es war einmal ein armer Schuster, der lebte in großer Armut, weil er wegen seiner schwachen Augen nicht mehr so gut arbeiten konnte wie früher. Eines Abends ging er unglücklich zu Bett, denn er hatte ein Paar Schuhe nur zur Hälfte reparieren können. Am nächsten Morgen war die Arbeit erledigt, aber da er unter einem schlechten Gedächtnis litt, fiel ihm das nicht auf. Er beschäftigte sich nun damit, alles vorzubereiten, um für einen reichen Kunden neue Schuhe anzufertigen.

„Ich werde morgen früh damit beginnen, wenn es wieder hell ist", sagte er zu sich.

Doch am nächsten Morgen fand er zu seinem Erstaunen ein prächtiges Paar Schuhe auf der Werkbank, wo er das Leder bereitgelegt hatte. Als der Kunde im Laufe des Tages in den Laden kam, um zu sehen, wie weit seine Schuhe gediehen waren, konnte er seinen Augen kaum trauen. Die Schuhe waren bereits fertig und so gut gearbeitet, dass er dem Schuster vor Freude das Doppelte des vereinbarten Preises bezahlte. Der Schuster war verwirrt und fragte sich, was da vor sich ging. Am Abend legte er das Leder für ein neues Paar Schuhe auf die Werkbank, und am nächsten Morgen fand er genau wie zuvor ein fertiges Paar Schuhe vor, glänzend und perfekt gearbeitet! Sie verkauften sich sofort zu einem guten Preis. Jeden Abend legte der Schuster nun Material für seinen unbekannten Helfer bereit, und jeden Morgen fand er ein fertiges Paar Schuhe

vor. So hatte er bald ein nettes kleines Vermögen zusammengespart. Als seine Frau das Geld sah, fragte sie ihn, wie er das zuwege gebracht hatte. Nachdem der Schuster ihr alles erzählt hatte, schlug sie vor: „In der Nacht verstecken wir uns, um herauszufinden, wer das ist!"

Und so beobachteten sie heimlich, wie sich um Mitternacht zwei Wichtel in die Werkstatt schlichen und in nur viereinhalb Stunden ein herrliches Paar Schuhe nähten. Doch die Wichtel zitterten vor Kälte, denn es war Winter, und die beiden trugen nur abgenutzte alte Kleider.

„Sie frieren so, die armen Kerlchen!", flüsterte die Frau ihrem Mann zu. „Ich stricke ihnen morgen zwei schöne Wolljacken. Wenn ihnen warm ist, machen sie sicher mehr als nur ein Paar Schuhe."

In der nächsten Nacht warteten zwei wunderschöne rote Jacken mit goldenen Knöpfen auf die Wichtel. Überglücklich zogen die beiden ihre Jacken an und tanzten vor Freude. Nach einer Weile sagte einer von ihnen:

„Jetzt machen wir uns an die Arbeit." Doch der andere antwortete: „Arbeit? Nicht doch! Mit zwei solchen Jacken sind wir reich. Nie wieder müssen wir einen Finger rühren!"

Mit diesen Worten verschwanden sie für immer und kehrten nie wieder zum Schuster und seiner Frau zurück, die etwas zu geldgierig geworden waren.

Der leuchtende Fisch

Vor vielen Jahren lebten einmal zwei arme alte Eheleute, Lapo und seine Frau Luisa, in einer bescheidenen Hütte. Das Einzige von Wert, das sie besaßen, war das Holz, das der alte Lapo jeden Tag aus dem Wald holte und verkaufte, um davon Brot und Milch zu kaufen.

Eines Morgens traf Lapo einen alten Mann mit einem langen weißen Bart, der zu ihm sagte:

„Mein Name ist Martino. Ich weiß, wie hart dein Leben ist und dass du ein guter Mensch bist. Deshalb möchte ich dir diese Tasche mit hundert Münzen schenken. Mache klugen Gebrauch davon."

Überrascht und aufgeregt rannte Lapo nach Hause und versteckte das Geld im Mist, ohne Luisa davon zu erzählen. Als er am nächsten Tag aus dem Wald heimkehrte, fand er eine schöne Überraschung vor: Der Tisch war festlich gedeckt, und darauf standen ein köstliches Stück Braten mit Kartoffeln und ein Apfelkuchen.

„Wie konntest du all dieses wundervolle Essen bezahlen?", fragte Lapo seine Frau erstaunt.

Sehr zufrieden mit sich antwortete sie: „Ich habe den ganzen Mist verkauft!"

„Was hast du getan? Darin waren einhundert Münzen versteckt! Himmel, hilf!"

Am nächsten Morgen, als Lapo wieder in den Wald ging, traf er Martino erneut.

„Armer Lapo, ich weiß, was dir geschehen ist. Hier sind noch einmal hundert Münzen, mache klugen Gebrauch davon."

Diesmal versteckte der alte Mann sie in einem Haufen Asche, ohne Luisa etwas zu sagen. Doch am nächsten Tag beschloss die Frau, die Asche zu verkaufen. Wieder bereitete sie von

dem eingenommenen Geld ein köstliches Mahl zu. Die Verzweiflung ergriff Lapo, und er lief aus dem Haus. Unter einem großen Baum verließ ihn die Kraft, er blieb stehen und weinte. Und wieder erschien Martino: „Lapo, ich werde dir kein Geld mehr geben. Nimm diese drei Frösche und kaufe den größten Fisch, den du auftreiben kannst."

Der arme Lapo tat, wie Martino ihn geheißen hatte.

Als die Nacht hereinbrach, bemerkte er, dass der Fisch ungewöhnlich leuchtete, fast wie eine Laterne. Also beschloss er, das Fischglas vor die Tür zu hängen. Diese Nacht war besonders dunkel, und viele Fischer auf See waren in Gefahr, weil sie die Küste nicht sehen konnten. Doch plötzlich erblickten sie am Ufer ein Licht: Lapos Fisch! Sie ruderten in seine Richtung und waren gerettet. Aus Dankbarkeit schenkten sie dem alten Mann einen Teil ihres Fangs und schlugen ihm einen Handel vor: Wenn er jede Nacht seinen leuchtenden Fisch hinaushängen würde, würden sie ihren Fang immer mit ihm teilen. Und so machten Lapo und Luisa dank des Fisches ihr Glück!

Giufà und die Kaufleute

Giufà bekam von seiner Frau einen schönen Seidenstoff ausgehändigt, den er auf dem Markt verkaufen sollte. Sie trug ihm auf, dafür einen guten Preis zu verlangen, als Entlohnung für die viele harte Arbeit, die das Weben sie gekostet hatte.

Am nächsten Morgen traf Giufà auf dem Markt eine Gruppe von Kaufleuten, die den Wert des Stoffs sofort erkannten. Doch sie hielten sich für schlau, boten ihm nur wenig Geld dafür und behaupteten, der Stoff sei nicht gut gewebt und reiche noch nicht einmal für ein Kleid.

Giufà wusste jedoch, dass sie versuchten, ihn hereinzulegen, und lehnte ihr Angebot ab. Er kehrte heim, ohne etwas verkauft zu haben, und erzählte seiner Frau, was geschehen war.

Da beschlossen Giufà und seine Frau, den Kaufleuten Gleiches mit Gleichem zu vergelten. Sie nahmen ihre alten Schuhe und umwickelten sie mit der Seide zu einer Stoffrolle, die breiter und länger aussah, als sie tatsächlich war. Am nächsten Tag ging Giufà damit auf den Markt, wo er dieselben Kaufleute wieder antraf. Da sein Stoff nun länger und breiter schien als der vom Vortag, verlangte Giufà von den Kaufleuten einen höheren Preis. Diese wollten sich die gute Gelegenheit nicht noch einmal entgehen lassen und bezahlten, was Giufà verlangte, denn sie waren davon überzeugt, dass sie ein echtes Schnäppchen machten. Auch Giufà war sehr glücklich, weil er die Seide verkauft hatte, die seine Frau gewebt hatte.

Und so erhielt Giufà die für seinen Stoff angemessene Menge Geld, und die Kaufleute erhielten die für ihr Geld angemessene Menge Stoff.

Eva und der König der Winde

Es war einmal ein König, der hatte zwei wunderbare Kinder: Jan und Eva. Die Geschwister hatten einander sehr lieb und verbrachten fast jede Minute zusammen. Doch eines schrecklichen Tages wurde Eva, als sie gerade allein im Garten war, vom König der Winde entführt.

Schon bald war die ganze Stadt auf der Suche nach ihr: Alle Räume des Schlosses wurden durchsucht, jeder Winkel der Stadt und der Umgebung, doch von Eva war keine Spur. Es war, als hätte sie sich in Luft aufgelöst.

Der verzweifelte König war außer sich, und Jan versuchte, ihn zu trösten: „Ich werde mich aufmachen und meine Schwester suchen, Vater. Hab keine Angst, ich werde sie finden!"

Und so sattelte der junge Mann sein Pferd und machte sich auf den Weg. Er reiste weit, ohne auch nur eine Spur von Eva zu finden. Eines Tages kam er an einen Ententeich. Durch seine Ankunft aufgeschreckt flogen die Enten davon.

Jan verspürte Hunger und beschloss, eine der Enten zu erlegen. Er griff nach seinem Bogen und zielte auf die größte Ente, doch da flehte sie ihn an: „Prinz, töte mich nicht! Ich kann dir helfen!"

„Wie?", fragte Jan verblüfft.

„Ich kann dir sagen, wo deine Schwester ist, aber im Gegenzug musst du mir versprechen, mich und meine Begleiter zu verschonen."

„Natürlich, du hast mein Wort."

„Gut. Siehst du diesen Weg dort drüben? Folge ihm, bis du zu einer Burg kommst. Das ist die Burg des Königs der Winde: Er hat deine Schwester entführt."

Jan dankte der Ente und setzte seine Reise fort, wurde aber bald darauf durch einen großen Ameisenhaufen aufgehalten, der ihm den Weg versperrte. Der Prinz zog sein Schwert, um diesen zu zerstören, doch eine Stimme hielt ihn zurück. Sie gehörte der Ameisenkönigin, die ihn bat, weder ihr noch den Bewohnern ihres Königreichs ein Leid anzutun.

„Geh nicht hier weiter", sagte die Königin. „Nimm den Weg rechts, dann kommst du zur Burg des Königs der Winde."

Jan hörte auf den Rat der Ameise und folgte dem Weg, bis er in einen Wald kam. Doch ein hohler Baumstamm mit einem Bienennest versperrte ihm den Weg. Gerade als Jan den Stamm zerschlagen wollte, hörte er eine Stimme:

„Prinz, es gibt keinen Grund, mein Königreich zu zerstören. Folge dem Weg rechts vom Baumstamm, und du kommst zur Burg des Königs der Winde."

Wieder folgte Jan den Anweisungen, und als er aus dem Wald trat, erblickte er einen Berg, auf dessen Spitze eine sehr hohe Burg thronte. Jan erklomm den Berg und erreichte gerade noch vor Sonnenuntergang das Schlosstor. Er betrat das Schloss, rannte die Treppe hinauf bis in die Spitze des höchsten Turmes. Dort entdeckte er den König der Winde, der seinen Regen und seine Gewitterwolken in die Welt hinausblies.

Jan drohte ihm mutig:

„Lasst meine Schwester gehen, oder ich ziehe mein Schwert!", rief er.

Der König der Winde brach in Gelächter aus.

„Ich bin aus Luft, dein Schwert kann mir nichts anhaben. Aber ich bewundere deinen Mut, deshalb möchte ich dir ein Angebot machen. Siehst du diesen Ring? Wenn du ihn mir bis morgen früh zurückbringst, gebe ich dir deine Schwester."

Damit zog er seinen Ring vom Finger und warf ihn im hohen Bogen fort. Jan beobachtete, wie der Ring in einem kleinen Teich landete. So eilte er die Treppe hinunter, den Berg hinab und durch den Wald, bis er atemlos am Rand des Teichs ankam. Doch plötzlich verlor er alle Hoffnung. In so kurzer Zeit würde er den Ring niemals finden. Da sprach eine Stimme zu ihm: „Weine nicht!" Es war die Ente, deren Leben er verschont hatte: „Du hast uns nichts angetan, nun werden wir dir helfen." Dank der Hilfe der Enten fand Jan den Ring und brachte ihn dem König der Winde zurück.

„Hier ist der Ring! Nun haltet Euer Versprechen!", forderte Jan.

„Das reicht nicht!", antwortete der König. „Du musst eine weitere Prüfung bestehen." Damit zauberte er eine Tüte Mohn herbei und leerte sie aus, sodass die Samen von der Luft davongetragen wurden und sich über das Land verstreuten.

„Wenn du mir bis morgen früh alle Samen zurückbringst, gebe ich dir deine Schwester." Als Jan sich aus dem Turm beugte, um zu sehen, wo der Mohn gelandet war, hörte er plötzlich eine Stimme. Neben sich erblickte er die Ameisenkönigin.

„Verzweifle nicht. Du hast mein Königreich verschont, also werde ich dir den Gefallen vergelten. Schau, meine Arbeiterinnen sind schon fleißig!"

Jan blickte nach unten und sah eine sehr lange Ameisenkolonne, die sich den Turm hinauf bewegte. Jede einzelne Ameise trug einen Mohnsamen herbei, steckte ihn in den Beutel und eilte wieder nach unten. Am nächsten Morgen war der Beutel vollständig gefüllt.

„Hier sind Eure Samen!", sagte Jan zum König der Winde. „Nun haltet Euer Versprechen."

„Nun gut", antwortete der König, „komm mit mir."

Der König brachte ihn in ein großes Zimmer. Jan sah darin nicht nur seine Schwester, sondern noch zwölf weitere Mädchen, die Eva alle bis aufs Haar glichen.

„Kannst du deine Schwester erkennen, seid ihr beide frei. Ansonsten bleibt ihr für immer hier als meine Gefangenen", sagte der König.

Jan war verzweifelt: Es war unmöglich, diese Mädchen voneinander zu unterscheiden! Aber dann hörte er ein leises Summen in seinem Ohr. Es war eine Biene, die zu ihm sprach: „Meine Königin hat mich gesandt, dir zu helfen. Pass gut auf! Deine Schwester ist das Mädchen, auf dem ich gleich landen werde."

Die Biene flog zur echten Eva, Jan zeigte auf sie und rief: „Das ist meine Schwester!" Er lief zu ihr und nahm sie in die Arme.

Diese Umarmung brach den Bann: Die anderen Mädchen lösten sich in Luft auf, und der König der Winde stürmte heulend davon. Endlich wieder vereint, machten sich Jan und Eva auf den Weg nach Hause.

Ein Drache in der Stadt

Vor langer Zeit herrschte der Prinz Krak über die polnische Stadt Krakau. Seine Untertanen liebten ihn so sehr, dass die Stadt seinen Namen trug. Die Menschen lebten dort in Frieden und in Harmonie.

Doch dann begannen aus heiterem Himmel Tiere und Menschen auf geheimnisvolle Weise zu verschwinden. Die Bewohner der Stadt waren davon überzeugt, dass sich in ihrer Mitte ein Entführer verbarg, sie hatten aber nicht die geringste Ahnung, wer es war. Bis einige von ihnen eines Tages eine riesige Höhle unter der wunderschönen Burg Wawel entdeckten. Dort lebte ein Furcht einflößendes Ungeheuer – der Drache Smok! Nun hatten die Bewohner herausgefunden, wer für die mysteriösen Entführungen verantwortlich war.

Prinz Krak versuchte alles, um das Ungeheuer zu bekämpfen, doch ohne Erfolg. Da verkündete er: „Der Mann, der den Drachen Smok tötet und unsere geliebte Stadt befreit, soll meine Tochter zur Frau bekommen und die Hälfte meines Königreichs erben."

Das Angebot war so verlockend, dass viele Ritter versuchten, die schwierige Aufgabe zu bewältigen, doch keinem gelang es, den Drachen zu bezwingen. Wochen vergingen, und die Einwohner lebten in der Angst, früher oder später im Rachen des Ungeheuers zu landen.

Eines Tages stellte sich ein junger Schuster namens Dratewka im Palast vor. Er behauptete, Smok besiegen zu können. Der Prinz hatte zwar wenig Vertrauen in einen einfachen Schuster, lud ihn aber dennoch ein, es zu versuchen. Dratewka ließ sich von Kraks Zweifeln nicht entmutigen und setzte seinen Plan in die Tat um: Er nähte einige Lederstücke so zusammen, dass sie wie ein Schaf aussahen. Das füllte er mit Gift und stellte es am Eingang der Drachenhöhle ab. Er war sich sicher, dass Smok dem Leckerbissen nicht widerstehen konnte.

Der Schuster hatte recht: Kaum hatte Smok das Schaf gesehen, packte er es mit seinen Klauen und verschlang es mit einem Bissen. Doch der Drache war zu gierig gewesen: Im nächsten Augenblick bekam er furchtbare Bauchschmerzen. Smok verließ die Höhle unter der Burg auf der Suche nach Wasser, um seine Schmerzen zu lindern, und kehrte nie mehr zurück. Die List eines einfachen Schusters hatte ihn besiegt, und die Stadt feierte ihre Befreiung.

Prinz Krak hielt sein Versprechen. Dratewka bekam die Prinzessin zur Frau und dazu die Hälfte des Königreichs, über die er fortan gerecht und weise regierte.

Der Bauer und der Bär

Der Morgen graute, und wie an jedem zweiten Tag bestellte der Bauer sein Feld. Plötzlich brach ein riesiger Bär aus dem Wald hervor und stürzte auf den zu Tode erschrockenen Mann zu.

„Was willst du von mir?", schrie der Mann voller Angst. „Wenn du Futter suchst, so lass das Gemüse wachsen, und du kannst so viel davon haben, wie du willst."

Der Bär überlegte einen Augenblick und antwortete:

„Einverstanden. Lass uns einen Handel treffen. Ich bekomme alles, was über der Erde wächst."

Also pflanzte der kluge Bauer Kartoffeln, und als die Ernte reif war, musste sich der Bär mit den Blättern begnügen.

„Nächstes Mal", sagte der Bär wütend, „nehme ich mir alles, was unter der Erde wächst!"

Diesmal säte der Bauer Weizen, nahm sich die reifen Ähren und überließ dem Bären die verdorrten Wurzeln. Der Bär tobte und brüllte: „Du legst mich nicht noch einmal herein. Nächstes Mal will ich alles, was über und unter der Erde wächst."

Also pflanzte der Bauer Zuckerrohr an. Gleich nach der Ernte fraß der Bär seine Wurzeln und Blätter und war danach sehr lange krank. Fortan ließ der Bär den armen Bauern in Frieden.

Die zwölf Monate

Es war einmal eine Frau, die hatte eine leibliche Tochter, Holena, und eine Stieftochter, Maruška. Die Frau hasste Maruška, weil sie viel schöner war als ihre eigene Tochter. Maruška verstand das nicht und war sehr freundlich zu ihrer Mutter, um deren Zuneigung zu gewinnen. Sie putzte, kochte, wusch und säte, doch vergebens. Die Frau blieb ihr gegenüber kalt. Aber Maruška wurde mit jedem Tag schöner, während ihre Schwester immer hässlicher wurde.

Die Mutter wusste, dass es schwierig sein würde, für Holena einen Gatten zu finden, solange ein so schönes Mädchen in ihrem Haus lebte. Kein Mann würde Holena jemals Maruška vorziehen, und so dachten Mutter und Tochter sich einen Plan aus.

An einem kalten Wintertag sagte Holena zu ihrer Schwester, dass sie gerne an ein paar Veilchen riechen würde, und hieß sie, in den Wald zu gehen und ihr einen Strauß zu pflücken.

„Meine liebe Schwester, du bittest mich um etwas Unmögliches. Veilchen wachsen nicht, wenn Schnee liegt", erklärte Maruška sanft.

„Du wagst es, mir zu widersprechen? Tu, was ich verlange, oder du wirst es bereuen", herrschte ihre Schwester sie an und jagte sie aus dem Haus.

Maruška wagte sich in den Wald, doch das Einzige, das den Boden bedeckte, war Schnee, und bald begann sie vor Kälte und Hunger zu zittern. Plötzlich sah sie in der Ferne ein Licht und ging darauf zu. Es war ein großes Lagerfeuer, um das zwölf Männer im Kreis saßen: Drei hatten einen Bart, drei waren älter, drei waren jünger, und drei waren Buben. Maruška nahm all ihren Mut zusammen, ging zu ihnen und fragte, ob sie sich am Feuer wärmen dürfe. Erstaunt fragten die Männer sie, was sie hier draußen in der Kälte tue. So erzählte das Mädchen seine Geschichte und bat die Männer um Hilfe. Da sprach der alte Seceň mit weißem Bart seinen Bruder Brezeň an und forderte ihn auf, sich in die Mitte des Kreises zu setzen. Plötzlich schmolz der Schnee, die Bäume trieben aus und das Gras wurde hellgrün. Der Frühling war gekommen und damit die Veilchen, nach denen Maruška gesucht hatte. Schnell pflückte sie einen Strauß, dankte den Männern und lief nach Hause.

Holena und ihre Stiefmutter trauten ihren Augen nicht. Am nächsten Tag, sagte Holena, sie wolle ein paar Erdbeeren, und befahl ihrer Schwester, welche zu holen.

„Aber meine liebe Schwester, Erdbeeren wachsen nicht, wenn Schnee liegt", versuchte die arme Maruška ihr zu erklären. Aber Holena, der mit Vernunft nicht beizukommen war, jagte sie aus dem Haus. Wieder war Maruška allein im Wald und fror, doch nach einer Weile erblickte sie wieder dasselbe Licht wie am Tag zuvor. Sie ging darauf zu und fand die Männer am selben Ort, der alte Sečeň saß in der Mitte. Maruška erzählte ihnen, was ihre Schwester nun von ihr verlangt hatte, und diesmal setzte sich Lipeň an die Stelle des alten Mannes. Im Nu wurde es wärmer, die Bäume begannen zu blühen und die Vögel sangen fröhlich. Unter den Grashalmen verbargen sich so große Mengen Erdbeeren, dass sich die Wiesen rot färbten. Maruška pflückte so viele, wie sie tragen konnte, dankte den Männern und lief nach Hause.

Wieder konnten die beiden Frauen nicht verstehen, wie es Maruška gelungen war, die unmögliche Aufgabe zu erfüllen, aber sie ließen sie immer noch nicht in Ruhe. Eines Tages beschloss Holena, das Geheimnis ihrer Stiefschwester zu lüften, und begab sich in den Wald.

Nach einem langen Fußmarsch erblickte auch sie den Schein des Feuers und näherte sich ihm. Aber anders als Maruška bat sie die zwölf Männer nicht um Erlaubnis, sich am Feuer zu wärmen, sondern trat hochmütig auf sie zu und schob sie zur Seite.

„Wonach suchst du?", fragte Sečeň sie gereizt.

„Es geht dich nichts an, wonach ich suche", erwiderte das Mädchen verärgert. Ihre Grobheit empörte den alten Sečeň. Er schwang seinen Stock und entfachte einen riesigen Schneesturm. Holena konnte weder sehen noch gehen und rief um Hilfe. Als ihre Tochter nicht nach Hause kam, machte sich ihre Mutter auf die Suche nach ihr, aber auch sie verirrte sich im Sturm, verschwand – wie ihre Tochter – im Wald und ward nie wieder gesehen.

Und so wurde Maruška die Herrin über das Haus und seinen herrlichen Garten. Im Frühjahr kam ein junger Mann, um ihr auf dem Bauernhof zu helfen. Er war höflich und freundlich und verliebte sich in Maruška und ihr gutes Herz, und so lebten die beiden glücklich und in Frieden.

UNGARN
Salz

Es war einmal ein König, der hatte drei erwachsene Töchter. Weil er sehr alt war, beschloss er, seinen Reichtum unter ihnen aufzuteilen. Zu seinem Besitz zählten drei Königreiche: Eines war voller Bäume und Viehherden, im zweiten gab es viele Flüsse und Paläste und im dritten zahlreiche Minen und Edelsteine. Wie sollte er nur entscheiden? Der König beschloss, das schönste Königreich der Tochter zu schenken, die ihn am meisten liebte. Er rief die Mädchen zu sich und fragte die Älteste:

„Sag, meine Liebe, wie sehr liebst du mich?"

„So sehr, wie die Taube die Körner liebt", antwortete seine älteste Tochter.

„Und du, meine süße Tochter?", fragte er die zweite.

„Mein lieber Vater, so sehr wie einen kühlen Wind in einem heißen Sommer."

„Und nun du", sagte er zu der Jüngsten. „Wie sehr liebst du mich?"

„Liebster Vater, so sehr, wie Männer Salz lieben!", antwortete die junge Frau.

Dem König gefiel diese Antwort gar nicht. Zornig schickte er seine jüngste Tochter fort. Diese versuchte, ihre Antwort zu erklären, aber der König wollte ihre Rechtfertigungen nicht hören und verbot ihr, ihm noch einmal unter die Augen zu treten. Die Prinzessin lief weinend fort und verschwand im Wald. Eines Tages traf sie einen Prinzen, der im benachbarten Königreich lebte. Als er die schöne Prinzessin sah, verliebte er sich in sie und brachte sie in seinen Palast. Schließlich erzählte die junge Frau dem Prinzen, der jetzt ihr Gatte war, ihre Geschichte, und bat ihn, ihren Vater wiedersehen zu dürfen, denn sie sehnte sich nach ihrer Familie. Also lud der Prinz den alten König zum Festessen ein.

Nachdem sie alle an der Tafel Platz genommen hatten, brachten die Bediensteten Teller mit köstlich aussehenden Speisen, die aber nach nichts schmeckten, da sie kein Körnchen Salz enthielten. Der alte König kostete von der Suppe, schob sie aber sofort beiseite: Er konnte sie nicht essen. Dann probierte er das nächste Gericht, das einladend aussah, aber nach nichts schmeckte, so wie alle weiteren Speisen, die folgten. Schließlich fragte er:

„Mein Sohn, warum salzen deine Köche die Speisen nicht?"

„Majestät, mir kam zu Ohren, dass Ihr kein Salz mögt, also habe ich ihnen befohlen, unserem Essen nicht ein einziges Körnchen Salz beizufügen."

„Da hast du falsch gehört, mein Sohn, denn ich liebe Salz sehr. Wer hat dir das erzählt?"

In diesem Moment betrat die Prinzessin, die jüngste Tochter des alten Königs, den Raum. Oh, wie glücklich war er, sie wiederzusehen und in seine Arme schließen zu können! Er hatte ihre Verbannung über die Maßen bereut und jahrelang nach ihr suchen lassen. Der alte König bat seine Tochter um Vergebung und lebte von diesem Tag an bei ihr im Palast.

Ewiges Leben

Es waren einmal ein Prinz und eine Prinzessin, die sich sehr lange einen Sohn gewünscht hatten. Schließlich wurden ihre Gebete erhört und sie bekamen einen Sohn. Doch schon bald zeigte sich ein kleines Problem: Ihr Sohn weinte ohne Unterlass. Die besorgten Eltern fragten zuerst die Ärzte um Rat, dann die Weisen, aber keiner wusste, wie sich das Weinen des Jungen beenden ließ.

Schließlich versprach die verzweifelte Mutter ihrem Kind: „Weine nicht, mein Sohn! Ich werde dir mein ganzes Königreich und die schönste Prinzessin zur Gattin geben!" Trotzdem hörte er nicht auf zu weinen.

So versuchte sie es erneut: „Weine nicht, mein Sohn! Ich werde dir ewige Jugend und ewiges Leben schenken!"

Und eines Tages hörte der Junge wie durch Zauberhand plötzlich auf zu weinen und war fortan ein gutes und friedliches Kind. Aber als sein zwanzigster Geburtstag kam, forderte er von seiner Mutter, was sie ihm als Kind versprochen hatte. Unglücklich musste sie gestehen, dass sie es ihm nicht geben konnte. Der junge Mann ließ sich nicht entmutigen und beschloss, sich auf die Suche nach ewiger Jugend und ewigem Leben zu begeben. In den königlichen Ställen wählte er ein geeignetes Pferd für die lange Reise, die vor ihm lag.

Mit seinem Pferd bereiste er nacheinander alle Gebiete des Königreichs und begegnete unterwegs Hexen, Riesen und gefährlichen Tieren. Nach vielen, vielen Tagen gelangte er schließlich ans Ende der Welt. Dort fand er eine freundliche Fee vor, die erstaunt hörte, welch weite Entfernung er zurückgelegt hatte. Sie fragte den jungen Mann, was ihn zu ihr geführt hatte, und der Prinz erzählte ihr, wonach er suchte. Die Fee versprach, ihm seinen Wunsch zu erfüllen, warnte ihn jedoch vor den Gefahren. Denn würde ihm das ewige Leben gegeben, müsste er, ohne seine Eltern und deren Liebe, auf immer und ewig in Einsamkeit leben, weit weg von seinem Zuhause.

Da erkannte der Prinz, wie gedankenlos es von ihm gewesen war, diesen Wunsch zu hegen, und eilte schnell nach Hause.

MAZEDONIEN
Das launische Mäuschen

Eine kleine Maus verlebte mit ihrer Mutter eine glückliche Kindheit, aber sie bekam oft ganz ohne Grund Wutanfälle. Jeden Abend versuchte ihre Mutter, sie in den Schlaf zu singen.

Doch die launische kleine Maus klagte: „Mama, du singst nicht sehr schön. Suche jemand anderen, der mich in den Schlaf singt."

Die Mutter, die keine Mühe scheute, um ihr Kind zufriedenzustellen, ging zur Gans:

„Frau Gans, kannst du mein Kind in den Schlaf singen?"

„Ja, in Ordnung", sagte die Gans. „Onk, onk, onk, schlaf, schlaf kleine Maus, ich lege dir ein Ei ins Haus!"

Aber die kleine Maus schrie:

„Ich will das nicht hören! Ihre Stimme ist furchtbar."

Also ging ihre Mutter zum Frosch:

„Frau Frosch, kannst du mein Kind in den Schlaf singen?"

„Ja, in Ordnung", sagte Frau Frosch. „Quak, quak quak, kleines Mäuslein schlaf, viel Spaß bringt dir der neue Tag."

Doch die kleine Maus schrie: „Das klingt schrecklich! Schick sie fort, Mama."

Der Verzweiflung nah, fragte die Mutter die Katze, die sich bereit erklärte, dem Mausekind ein Schlaflied vorzusingen.

„Schlaf, schlaf, kleine Maus, morgen bring ich dir Milch ins Haus", flüsterte die Katze leise, während ihr das Wasser im Mund zusammenlief.

„Was für eine schöne Stimme!", rief die kleine Maus und war im nächsten Augenblick eingeschlafen.

Da kam die Katze dem Mausekind gefährlich nah. Gerade als sie es verschlingen wollte, kam die Mutter des Mäuschens und rettete es.

Von diesem Tag an lernte die kleine Maus, von ganz allein einzuschlafen, weniger launisch und ein bisschen vorsichtiger zu sein.

ALBANIEN
Die Wassereimer

Wie an jedem zweiten Tag standen drei Frauen um den Brunnen und schöpfter Wasser. Ganz in ihrer Nähe rastete ein alter Mann, der aus einem fernen Dorf gekommen war.

Die erste Frau sagte: „Mein Sohn ist schnell und mutig."

Die zweite Frau sagte: „Meiner singt wie eine Nachtigall."

Die dritte Frau sagte nichts.

„Warum erzählst du uns nichts von deinem Sohn?", drängten die anderen Frauen.

„Was soll ich schon erzählen? Er ist einfach ein normaler Junge, er ist nichts Besonderes", erwiderte die Frau.

Als die Eimer mit Wasser gefüllt waren, gingen die Frauen nach Hause, und der alte Mann ging mit ihnen. Die drei Söhne liefen ihnen entgegen.

Der erste begann, leichtfüßig und lebhaft hin- und herzuspringen. Seine Mutter lächelte stolz. Der zweite sang mit melodischer Stimme ein schönes Lied. Auch seine Mutter lächelte stolz. Der dritte Sohn lief zu seiner Mutter, nahm ihr die vollen Wassereimer ab und lief heim. Die Frauen wandten sich zu dem alten Mann: „Nun, was denkst du über unsere Söhne?"

„Welche?", antwortete der. „Ich kann nur einen sehen!"

GRIECHENLAND
Glück

Es war einmal ein sehr armer Mann. Er, seine Frau und seine Kinder arbeiteten jeden Tag sehr hart, und abends beim Essen waren sie erschöpft. Und doch waren sie glücklich, denn sie sangen und lachten bis spät in die Nacht. Ihre Nachbarn wunderten sich darüber und konnten nicht verstehen, warum sie immer so glücklich waren. So begannen sie, ihnen nachzuspionieren, und entdeckten, was sich jeden Abend in ihrem Haus abspielte:

„Geh' und hole die Gitarre, Vater", sagte der jüngste Sohn.

„Spiele dasselbe Lied wie gestern", bat der andere Sohn fröhlich, während die Mutter die Stühle in einem Kreis aufstellte. Dann nahm sie ihre Tochter, noch ein Wickelkind, gab ihr eine Rassel und wippte sie auf ihren Knien. Der Vater begann, auf der Gitarre zu spielen und alle Kinder sangen und wünschten sich abwechselnd Lieder von ihm. Es herrschte so viel Freude in dem Haus, als würde die Familie nicht an Armut oder Erschöpfung leiden! Am meisten von allen Dorfbewohnern staunte darüber ein sehr reicher Herr, der jeden Abend dachte:

„Ich habe alles – Geld, Besitz, Gold, Köche, Boote – aber niemals habe ich den Wunsch zu singen, wie diese armen Leute! Ich werde ihnen etwas Geld geben, damit ihr Glück mich von meinen trüben Gedanken ablenkt."

Und so klopfte der reiche Herr eines Tages bei der armen Familie an die Tür.

„Meine lieben Nachbarn, ich weiß, dass ihr ehrliche, hart arbeitende Menschen seid. Jeden Abend höre ich, wie ihr singt und glücklich seid. Um euch zu danken, möchte ich euch etwas Geld geben. Tut damit, was ihr wollt."

„Wir können nicht ... Ihr solltet nicht ... weil ... aber wir ...", sagte der arme Vater und wollte das Geld nicht annehmen. Doch der reiche Herr bestand darauf, sodass er es nicht ablehnen konnte.

Als der Vater allein war, dachte er darüber nach, wie er das Geld verwenden sollte. Er hatte viele Ideen, aber kaum zog er eine näher in Betracht, kam ihm eine andere, die ihm besser schien. Ein Weinberg? Eine Kuh? Oder vielleicht ein Pferd mit einem Wagen?

An jenem Abend versammelte sich die Familie und der Vater fragte sie um Rat.

Seine Frau lächelte und sagte:

„Mir ist es egal, wir haben uns lieb, und das genügt mir."

Seine Kinder wiederum dachten an etwas anderes:

„Na los, Vater, geh' und hole die Gitarre ... lass uns singen ..."

„Die Gitarre?", platzte der Vater hervor. „Seht ihr nicht, dass ich an andere Dinge denken muss? Heute Abend wird nicht Gitarre gespielt!"

Und so hörte man in jener Nacht im Dorf weder Musik noch Gesang.

Dasselbe wiederholte sich die folgenden drei Nächte. Der Vater überlegte, was er mit dem Geld anfangen sollte. Seine Frau verstand nicht, warum sich ihr Mann so verändert hatte, und die Jungen wurden immer trauriger und stiller. Schließlich nahm der Mann das Geld, legte es auf einen Haufen und blickte seine Kinder lange an. Dann steckte er es schnell ein und verließ das Haus. Er ging zu seinem Nachbarn, gab ihm das Geld zurück und sagte:

„Danke, mein lieber Nachbar, denn du hast mich gelehrt, was Glück ist. Und es hat ganz und gar nichts mit Geld zu tun."

An diesem Abend erklang wieder Musik im Haus, die man im ganzen Viertel hörte. Und so sollte es bleiben.

Die drei Tauben

Eine arme Bauernfamilie besaß nichts Wertvolles außer drei Tauben, die auf dem Dach ihres Hauses lebten – eine war schwarz, eine andere grau und die dritte weiß. Jeden Morgen legten die Tauben Eier, sodass die Familie zu essen hatte. Eines Tages legte die weiße Taube anstelle eines Eis einen Diamanten. Der Vater ging zu den Kaufleuten und verkaufte ihnen den Edelstein, und von dem Erlös kaufte er Lebensmittel für seine Familie. Da er viel kaufen konnte, hatte die Familie schließlich mehr zu essen, als sie brauchte. So entschied sich der Bauer großzügig, die überschüssigen Lebensmittel mit den anderen Leuten im Dorf zu teilen.

Von diesem Tag an geschah immer wieder das Gleiche: Die Taube legte einen kleinen Diamanten, der Vater verkaufte ihn, und von dem Erlös konnte er sich, seine Familie und die übrigen Dorfbewohner ernähren.

Schon bald verbreitete sich die Nachricht von diesem Wunder. Sie kam schließlich auch einem Dieb zu Ohren, der die weiße Taube stahl. Er wartete einen Tag, eine Woche und schließlich einen ganzen Monat, doch die Taube legte weder Eier noch Diamanten. Eines Tages vergaß der Dieb – der inzwischen das Interesse an der Taube verloren hatte –, den Käfig zu schließen. Die Taube konnte nach Hause zurückfliegen und begann erneut, für ihren gütigen, ehrlichen Herrn und das gesamte Dorf Edelsteine zu legen.

MAROKKO
Der Fuchs und der Flamingo

Ein Vogel, der sein Nest wohlüberlegt auf einen hohen Baum gebaut hatte, legte darin seine Eier ab. Fröhlich singend wartete er geduldig darauf, dass seine Küken schlüpften. Schließlich befreiten sich die Kleinen aus ihren Schalen und wuchsen schnell zu hübschen, flauschigen Vogelkindern heran. Doch eines Tages kam ein hungriger Fuchs am Baum vorbei. Er entdeckte die Vogelfamilie und bedrohte sie. Die Vogelmama und ihre Küken waren erschreckt und verängstigt und der Vogel hörte auf zu singen.

Eines Morgens kam ein Flamingo vorbeigeflogen und fragte den Vogel, warum er so traurig sei. Der Vogel antwortete, er habe Angst vor dem Fuchs. Da beruhigte ihn der Flamingo und erklärte ihm, dass der Fuchs nicht auf den Baum klettern könne, und selbst wenn er es täte, könne der Vogel mit seinen Küken davonfliegen.

Und tatsächlich, als der Fuchs wiederkam, tat der Vogel genau, wie der Flamingo es ihm geraten hatte. Der Fuchs wusste sofort, wer dem Vogel diesen Trick verraten hatte, und machte sich auf die Suche nach dem Flamingo, um sich zu rächen. Er fand ihn am Flussufer, wo dieser gründlich seine Federn putzte. Der Fuchs beschloss, dem Flamingo eine Falle zu stellen.

„Wie schützt du dich, wenn der Wind von rechts weht?", fragte der Fuchs den Flamingo.

„Ich drehe mich in die andere Richtung", erwiderte der große Vogel und drehte elegant seinen Hals.

„Und wenn der Wind von links weht?"

„Dann drehe ich mich in die andere Richtung", erwiderte der Flamingo.

„Und wenn der Wind aus allen Richtungen weht?"

„In diesem Fall stecke ich meinen Kopf unter meinen Flügel und warte, bis der Wind nachlässt, genau wie ich es jetzt bei dir mache. Geh weg, alter Fuchs, ich kenne alle deine Tricks und Bosheiten genau und werde mich bestimmt nicht von dir hereinlegen lassen."

Und wieder einmal musste der Fuchs mit leerem Magen heimgehen.

MALI
Der goldene Junge und der silberne Junge

Niame, der mächtigste Zauberer im Himmel, lebte in einem großen Anwesen auf einem wunderschönen Wolkenteppich. Eines Tages beschloss er, sich eine Frau zu suchen, und lud die vier schönsten Mädchen des Stammes in sein Haus ein. Dann fragte er jede von ihnen: „Wenn ich dich heiraten würde, was würdest du für mich tun?"

Die Erste, die Acoco hieß, sagte: „Ich würde dein Haus fegen und mich um alles kümmern."

Die Zweite sagte: „Ich würde dir jeden Tag die herrlichsten Köstlichkeiten zubereiten."

Die Dritte sagte: „Ich würde Berge von Baumwolle spinnen und jeden Tag Wasser schöpfen."

Schließlich antwortete das letzte Mädchen: „Ich würde dir einen goldenen Sohn schenken."

Niame wählte das vierte Mädchen und befahl seinen Dienern, die Hochzeit vorzubereiten. Acoco war sehr verärgert über Niames Wahl, Neid und Eifersucht verzehrten sie. Sie konnte ihre Gefühle aber sehr gut verbergen, und so gelang es ihr, die Hofdame der jungen Königin zu werden.

Die beiden Ehegatten waren sehr glücklich miteinander und hatten bereits die Wiege für die Ankunft ihres goldenen Sohnes vorbereitet, als Niame fortmusste. Während seiner Abwesenheit gebar die Königin Zwillinge, einen goldenen und einen silbernen Jungen.

Kaum hatte die böse Acoco die Babys erblickt, nahm sie sie und trug sie in den Wald. Dort legte sie sie in einen Korb und versteckte sie in einem hohlen Baumstamm. An ihrer Stelle legte sie zwei Frösche in die Wiege.

Als Niame zurückkehrte, lief Acoco ihm entgegen: „Komm, Niame, komm und lerne deine Söhne kennen!", rief sie. Als Niame die beiden Frösche in der Wiege sah, wurde er sehr zornig und verbannte die Königin an die Grenzen des Königreichs.

Aber wie es das Schicksal wollte, kam ein Jäger an dem Baum vorbei, in dem Acoco die Zwillinge versteckt hatte. Der Mann sah im Baum etwas schimmern und entdeckte Niames Söhne. Die Schönheit der beiden kleinen Jungen flößte ihm Ehrfurcht ein, und obwohl er sehr arm war, nahm er sie mit nach Hause. Er zog sie liebevoll groß und sprach nie darüber, wo er sie gefunden

hatte. Die beiden Jungen wuchsen zu guten, gehorsamen Kindern heran, die in vielen Dingen sehr geschickt waren. Wenn der Jäger Geld brauchte, sammelte er den Gold- und Silberstaub ein, der ständig von ihnen herabfiel, und kaufte damit in der Stadt, was er brauchte. Im Laufe der Zeit wurde er sehr reich, und er ersetzte seine elende Hütte durch ein großes Haus.

Eines Tages erfuhr der Jäger ganz zufällig, dass die beiden Kinder die Söhne des Königs waren, und beschloss – wenn auch widerwillig –, sie zu ihrem Vater zurückzubringen. Als der Jäger zu Niames Hof kam, stellte er sich an den Zaun und rief dem König zu:

„Komm und sieh, wie geschickt dieser silberne Junge ist!"

Niame kam heraus und war verblüfft über die außergewöhnlichen Fähigkeiten des jungen Mannes. In der Zwischenzeit hatte der goldene Junge angefangen, wunderschön zu singen, und sein Lied erzählte vom Versprechen seiner Mutter, von Acocos Verrat und der Güte des Jägers, der sie großgezogen und geliebt hatte wie seine eigenen Kinder.

Erstaunt und bewegt umarmte Niame seine Söhne. Er ließ die Königin aus dem Exil zurückholen und befahl, sie königlich zu kleiden. Dann ging er zu Acoco und verwandelte sie in eine Henne. Den guten Jäger hingegen überhäufte er mit Geschenken.

Bis heute baden die zwei Söhne Niames in dem großen Fluss, der zur Erde hinabfließt. Ein wenig von ihrem Gold- und Silberstaub gelangt zu uns und macht jeden, der ihn findet, sehr reich.

Wie die Zebras zu ihren Streifen kamen

Vor langer, langer Zeit lebte im Land der Buschmänner – stolzen, naturverbundenen Menschen – ein tyrannischer Pavian. Oft litt das Land unter einer lang anhaltenden Dürre. Das herrische Tier hatte sich selbst zum „Herrn des Wassers" ernannt und von einem der letzten Wasserlöcher Besitz ergriffen, aus denen die durstigen Tiere trinken konnten. Der Pavian schlug sein Lager an einem Feuer auf, das ein Blitz entzündet hatte, und jedes Mal, wenn ein Tier es wagte, sich dem Wasserloch zu nähern, um zu trinken, schrie er wütend, bewarf es mit Steinen und behauptete, das Wasser gehöre ihm.

Eines Tages kam ein junges Zebra zum Wasserloch. Damals hatten Zebras noch ein schneeweißes Fell. Als sich das Zebra dem Wasser näherte, sprang der Pavian von seinem Beobachtungsposten auf und begann, es mit Steinen zu bewerfen.

„Verschwinde!", rief der Pavian wütend. „Das Wasser gehört mir!"

Das junge Zebra wich den Steinen geschickt aus und erwiderte: „Halt die Klappe, du hässlicher Affe! Wasser ist zu kostbar, um nur einem einzigen Tier zu gehören!"

Sie fochten einen harten Kampf darum aus, ob Wasser, das in Dürrezeiten Leben rettet, allen Menschen und Tieren oder nur einem Einzelnen gehörte. Nach langem Kampf gab das Zebra dem Pavian schließlich einen Tritt in den Hintern, der flog durch die Luft und landete zwischen Bäumen und Felsen. Der Aufprall war so hart, dass der Affe bis heute einen nackten roten Hintern hat und beim Umherlaufen seinen Schwanz in die Höhe hält, um seinen Schmerz zu lindern. Außerdem wirft er seither mit lautem Geschrei Gegenstände von den Bäumen und Felsen, auf die er verbannt wurde.

Das junge Zebra, erschöpft vom Kampf, taumelte und fiel in ein erloschenes Feuer, dessen Asche auf seinem Fell lange, unregelmäßige schwarze Streifen hinterließ. Seine Nachkommen behielten den zweifarbigen Mantel, um mit ihrem Anblick jeden daran zu erinnern, wem es zu verdanken ist, dass das Wasser in Zeiten der Dürre frei zugänglich ist.

KONGO
Die Zwillingsbrüder

Es war einmal eine Frau, die gebar Zwillingssöhne, Luemba und Mavungu. Am Tag ihrer Geburt schenkte ein Zauberer ihr zwei glatte, runde Steine. „Dies sollen die Talismane deiner Kinder sein", sagte er zu ihr. Die Zwillinge wuchsen zu zwei schönen jungen Männern heran. Eines Tages beschloss Mavungu, sein Zuhause zu verlassen.

„Wir sind so arm, dass ich dir nichts mitgeben kann", sagte seine Mutter.

„Das macht nichts", erwiderte ihr Sohn, „mein Talisman ist alles, was ich brauche." Mavungu ging in den Wald, wo er einige Grashalme pflückte. Er berührte sie mit seinem Talisman, und sie verwandelten sich in ein Pferd, ein Messer und ein Gewehr. Sehr zufrieden mit sich stieg Mavungu auf das Pferd und brach auf. Er ritt, bis er sehr müde wurde. Dann rastete er, um sich zu stärken. In der Nähe lag eine Stadt, deren Herrscher eine Tochter im heiratsfähigen Alter hatte. Mavungu erreichte die Stadt und traf am Flussufer auf ein junges Mädchen, das von vielen Gefährtinnen umringt war. Kaum hatte es den jungen Fremden erblickt, lief es zu seinen Eltern nach Hause und rief: „Ich habe den Mann gesehen, den ich zum Gatten will, und ich sterbe, wenn ich ihn nicht heiraten darf!" Der Vater - es handelte sich um den König - schickte nach dem jungen Fremden und lud ihn in sein Haus ein. Mavungu machte einen hervorragenden Eindruck, und so willigte der König zu der Hochzeit ein.

Im Haus des jungen Ehepaars befanden sich drei große Spiegel. Mavungu fragte, warum sie verhüllt seien. Es sei sehr gefährlich, in sie hineinzublicken, erklärte seine Frau. Doch Mavungu drängte sie, das Tuch abzunehmen, das den ersten Spiegel verdeckte. Der junge Mann erblickte darin seinen Heimatort.

„Im zweiten Spiegel sieht man Orte, die man bereist hat", erklärte seine Frau. „Aber sieh nicht in den dritten, denn darin wirst du den Ort sehen, von dem du nie zurückkehren wirst."

„Ich will ihn sehen!", rief Mavungu und riss die Abdeckung vom Spiegel. Plötzlich überwältigte den jungen Mann der starke Wunsch, zu diesem Ort zu reisen. „Ich bitte dich, geh nicht dorthin, du wirst nie wieder zurückkommen!", flehte seine Frau ihn an. Doch der junge Mann machte sich trotzdem auf den Weg.

Er ritt viele Monate, bis er eines Tages eine alte Frau traf. Mavungu näherte sich ihr, aber kaum berührte die alte Frau seine Hand, verwandelte sich der junge Mann in einen schwarzen Stein und sein Pferd in einen weißen.

Die Zeit verging, und Luemba wunderte sich, dass er nie ein Lebenszeichen von seinem Bruder bekam. Eines Tages beschloss er, nach ihm zu suchen. Nach einigen Tagen kam er in die Stadt, in der Mavungu geheiratet hatte. „Mavungu ist zurückgekehrt!", jubelten die Leute. Er stieg von seinem Pferd und sah eine schöne junge Frau auf sich zukommen. „Endlich! Du bist wieder da!", rief sie. Luemba versuchte zu erklären, wer er war, aber die Frau seines Bruders, der König und

die Einwohner der Stadt glaubten ihm nicht. Also beschloss der junge Mann, zu schweigen und herauszufinden, was Mavungu widerfahren war. Sofort erhielt er dazu Gelegenheit, denn als Luemba das Haus betrat, sagte die Frau seines Bruders lachend zu ihm: „Ich hoffe, du bist von dem Wunsch kuriert, in die Spiegel zu schauen!"

„Nein", antwortete Luemba sofort. Diesmal versuchte die junge Frau nicht, ihn zurückzuhalten, und Luemba, der verstanden hatte, was mit seinem Bruder geschehen war, begab sich auf die Suche nach ihm. Er ritt viele Monate, bis er die alte Frau neben dem Haufen schwarzer und weißer Steine entdeckte. Luemba stieg vom Pferd, aber statt der Frau die Hand zu reichen, warf er seinen Talisman auf sie. Im nächsten Augenblick verwandelten sich die schwarzen Steine in Mavungu und die weißen in sein Pferd. Die beiden Brüder umarmten sich überglücklich. Dann kehrten sie in die Stadt zurück, in der Mavungus Frau auf sie wartete. Unterwegs holten sie noch ihre alte Mutter zu sich, die den Rest ihres Lebens glücklich mit ihren beiden Söhnen verbrachte.

Wie du mir, so ich dir

Das Kamel und der Fuchs waren gute Freunde – und erfahrene Diebe. Eines Tages beschlossen die beiden, den Fluss zu überqueren, um von einem Bauernhof am anderen Ufer Essen zu stehlen. Aber der Fuchs konnte nicht schwimmen, und so schlug das Kamel ihm vor, auf seinen Rücken zu springen. Zusammen erreichten sie das andere Flussufer, und auf dem Bauernhof schlugen sie sich die Bäuche voll.

„Wusstest du, dass ich nach dem Essen gewöhnlich singe?", fragte der Fuchs das Kamel.

„Bitte sing jetzt nicht. Ich bin noch nicht fertig, und der Bauer wird uns hören und wegjagen. Auf dem Heimweg kannst du so viel singen, wie du willst", bat das Kamel den Fuchs.

Doch den Fuchs kümmerte das nicht, er sang laut drauflos. Als der Bauer das hörte, merkte er, was vor sich ging.

„Raus hier! Verschwindet, oder ihr werdet es bereuen!" Der Bauer war sehr wütend und mit einem Stock bewaffnet, doch der schnelle, bewegliche Fuchs war schon auf und davon. Das arme Kamel jedoch war viel langsamer und schwerfälliger, und bevor es weglaufen konnte, spürte es schon die Stockschläge auf den Beinen.

Als es wütend und mit schmerzenden Beinen am Fluss ankam, fragte es den Fuchs, warum er das getan hatte.

„Ich hatte dir ja gesagt, dass ich das immer so mache. Jetzt komm schon, lass mich auf deinen Rücken steigen. Lass uns nach Hause gehen." Das Kamel sagte nichts, aber es hatte eine Idee, wie es sich an seinem selbstsüchtigen Freund rächen könnte.

Als sie an die tiefste Stelle des Flusses kamen, sagte das Kamel zum Fuchs: „Weißt du, mein lieber Fuchs, ich habe vergessen dir zu sagen, dass ich nach dem Essen gewöhnlich ein schönes Bad nehme."

„Nein, bitte nicht. Du weißt, dass ich nicht schwimmen kann", sagte der Fuchs und merkte nicht, dass das Kamel nur einen Witz gemacht hatte. Es wollte dem Fuchs keinen Schaden zufügen, aber erreichen, dass ihm sein Verhalten leid tat.

Da erkannte der Fuchs, dass er sehr egoistisch gewesen war, entschuldigte sich bei seinem Freund und versprach, dass er ihm von nun an vertrauen könne.

„Nun, ich habe es dir nicht mit gleicher Münze heimgezahlt", sagte das Kamel großzügig. Die beiden Freunde schlossen Frieden und lachten über ihr Abenteuer.

Die Schlange und das Chamäleon

Nachdem Gott die Welt erschaffen hatte, ruhte er sich aus und bewunderte sein Werk. Er war sehr stolz auf das, was er geschaffen hatte, doch bald fiel ihm auf, dass Männer und Frauen einander ständig verletzten. Zwar heilten die Wunden schnell, doch sie hinterließen Narben. Außerdem wurde die Haut der Menschen immer faltiger, je älter sie wurden. Gott beschloss, ihnen ein Geschenk zu machen.

Er rief das Chamäleon zu sich und sagte: „Ich möchte allen Männern und Frauen ein Geschenk machen. Kannst du es ihnen bringen?" Und so gab er dem Chamäleon ein kleines Päckchen. Zu jener Zeit bewegten sich Chamäleons noch mit Lichtgeschwindigkeit fort, und unser Freund huschte mit der kostbaren Ladung, die er fest zwischen seinen Beinen hielt, eilig davon. Doch unterwegs machte er Rast, um am Ufer eines breiten Flusses zu trinken. Das erwies sich als großer Fehler. Hier lebte eine Schlange, die sich über die Eile, in der das Chamäleon war, wunderte. Sie fragte, was es da tue.

„Gott hat mir ein Paket für alle Männer und Frauen gegeben", antwortete das arglose Chamäleon. Es wusste nicht, dass die Schlange Männer und Frauen hasste, weil sie oft – aufgrund ihrer Größe – auf ihre Freunde traten. Und sie war auch ein bisschen eifersüchtig darauf, dass Gott den Menschen so viel Aufmerksamkeit schenkte: Sie beschloss, das Vorhaben des armen Chamäleons zu durchkreuzen.

„Mein lieber Freund, du siehst sehr müde aus. Darf ich dich zum Essen einladen? Meine Frau kocht gerade ein leckeres Mahl!" Das Chamäleon, das ziemlich hungrig war, freute sich über die Einladung. Es aß so viel, dass es ganz träge wurde und einschlief. Die Schlange verlor keine Zeit: Vorsichtig löste sie das kostbare Päckchen aus den Füßen des Chamäleons.

„Was ist das?", fragte die Frau der Schlage.

„Es ist ein Geschenk Gottes für uns", antwortete die Schlange sarkastisch. „Schau, meine liebe Frau, er hat uns eine neue Haut geschickt. Wir können sie anziehen, wenn unsere alt

wird!" Die Stimme der Schlange weckte das Chamäleon. Augenblicklich bemerkte es, was passiert war.

„Gib sie mir zurück, Schlange. Diese Haut ist nicht für dich, sie ist für die Menschen", sagte es und versuchte, das kostbare Geschenk zurückzubekommen. Doch die kluge Schlange entkam und ließ das Chamäleon allein und verärgert zurück. Es war getäuscht worden, und, noch schlimmer, es hatte Gottes Befehl nicht ausgeführt.

Seitdem versteckt es sich zwischen den Zweigen der Bäume, ändert seine Farbe, um nicht gesehen zu werden und bewegt sich langsam, um keine Aufmerksamkeit zu erregen. Die Schlange aber wechselt seither ihre Haut, wenn sie alt und runzlig wird.

IRAN
Der Kürbis

Es war einmal eine Frau, die lange nichts mehr von ihrer Tochter gehört hatte, die auf der anderen Seite des Dschungels lebte. Sie war so besorgt, dass sie eines Tages beschloss, die gefährliche Reise auf sich zu nehmen, um ihre Tochter zu besuchen. Sie packte Wasser und ein wenig Reis ein und machte sich auf den Weg.

Sie ging und ging, bis sie einen Löwen traf, der zu brüllen begann:

„Endlich die Mahlzeit, auf die ich gewartet habe!"

„Herr Löwe", flehte die Frau, „siehst du nicht, dass ich nur Haut und Knochen bin? Ich besuche meine Tochter, und wenn ich dort bin, nehme ich ganz viel zu. Du kannst mich fressen, wenn ich nächste Woche zurückkomme."

Der Löwe hielt dies für ein recht gutes Angebot und ließ die Frau ihre Reise fortsetzen.

Sie ging und ging, bis sie einen Wolf traf, der zu heulen begann:

„U-uuuu, U-uuuu, endlich die Mahlzeit, auf die ich gewartet habe!"

„Herr Wolf", flehte die Frau, „siehst du nicht, dass ich nur Haut und Knochen bin? Ich besuche meine Tochter, und wenn ich dort bin, nehme ich ganz viel zu. Du kannst mich fressen, wenn ich nächste Woche zurückkomme."

Auch der Wolf hielt dies für ein recht gutes Angebot und ließ die Frau ihre Reise fortsetzen.

Sie ging und ging, bis sie einen Tiger traf, und dasselbe wiederholte sich.

Schließlich erreichte die Frau das Haus ihrer Tochter und sah erleichtert, dass es ihr gut ging. Beruhigt konnte sie sich entspannen und so viel essen und trinken, wie sie wollte. Als es für sie Zeit wurde, wieder heimzukehren, bat sie ihre Tochter, einen Kürbis zu suchen, der so groß war, dass sie sich darin verstecken konnte. Die Tochter fand einen solchen Kürbis, und die Frau zwängte sich hinein. Dann gab die Tochter dem Kürbis einen kleinen Stoß, und er rollte sanft den Hügel hinab und durch den Dschungel.

Die Frau rollte und rollte und blieb neben jedem der drei Tiere liegen. Doch keines von ihnen merkte, dass es hinters Licht geführt wurde, jedes gab dem Kürbis sogar noch einen harten Stoß, sodass er weiterrollte. So kehrte die Frau sicher heim, und der Löwe, der Wolf und der Tiger blieben hungrig.

Der Esel

Es war einmal ein Bauer, der hatte einen Stall voller Esel. Er war sehr stolz auf seine Tiere, denn sie waren ihm auf seinem Bauernhof eine große Hilfe. Der Mann hatte auch einen Hund, den er sehr liebte und der nachts mit dem Schutz seiner Felder und seiner Esel betraut war.

Eines Tages kehrte der Bauer so müde von der Arbeit nach Hause zurück, dass er vergaß, den Hund zu füttern. Der Hund war gekränkt und sagte zu den Eseln:

„Was soll ich jetzt nur tun, da der Herr vergessen hat, mich zu füttern? Ihr Esel könnt Gras fressen, wann immer ihr wollt, aber was soll ich jetzt machen?"

„Der Herr kommt bestimmt bald, um dich zu füttern", besänftigte ihn einer der Esel.

Und so wartete der Hund und wartete, doch von seinem Herrn war weder etwas zu sehen noch zu hören. Der Hund war sehr verärgert, auch weil er versuchte zu schlafen, um seinen Hunger zu vergessen. Aber sein Magen knurrte so laut, dass er nicht in den Schlaf fand.

In dieser Nacht sah einer der Esel, wie im Dunkeln ein Dieb um den Bauernhof schlich. Er rief dem Hund verängstigt zu: „Wach auf, belle! Du musst den Herrn warnen, dass da ein Dieb ist!"

„Nein, das tue ich nicht. Wenn er nicht für mich sorgt, sorge ich auch nicht für ihn!"

Also fing der verzweifelte Esel an zu schreien, und auch seine Gefährten fielen in sein Geschrei ein, bis ihr Herr schließlich aufwachte und den Dieb verjagte.

Und so kam es, dass der Esel seine Freunde und seinen Herrn verteidigte. Der Bauer bemerkte dann etwas sehr Wichtiges. Es fiel ihm ein, dass er seinen treuen Freund an diesem Abend nicht gefüttert hatte, und machte seinen Fehler sofort wieder gut. Er versprach dem Hund, dass das nie wieder passieren würde. Und er dankte auch dem Esel, dessen Hilfe an diesem Abend von unschätzbarem Wert gewesen war.

Der Schakal

Als ein Schakal einmal an einem Haus entlangschlich, fiel er versehentlich in einen großen Eimer voller Farbe. Bei seiner Rückkehr ins Dorf wunderten sich seine Freunde über seinen Anblick und fragten, was mit ihm geschehen sei.

Er wedelte mit dem Schwanz und sagte zu ihnen: „Schaut mich an, meine lieben Freunde! Bin ich nicht das schönste Wesen der Welt? Von nun an dürft ihr mich nicht mehr Schakal nennen."

„Wie sollen wir dich denn dann nennen?", fragten sie ihn.

„Pfau! Von nun an nennt ihr mich Pfau", erwiderte der Schakal und stolzierte auf und ab.

„Aber ein Pfau kann mit seinem spektakulären Schwanz ein Rad schlagen", antworteten seine Freunde. „Kannst du das auch?"

„Nun, nein, eigentlich nicht", antwortete der Schakal.

„Und ein Pfau", fuhren sie fort, „kann singen. Kannst du das auch?"

„Ich muss zugeben, dass ich auch das nicht kann", sagte der Schakal.

„Obwohl du offensichtlich kein Schakal mehr bist, bist du eindeutig auch kein Pfau. Also, was tust du jetzt?"

Dank seiner Freunde erkannte der Schakal, dass er nicht vorgeben konnte, jemand anderes zu sein, und nahm ein Bad, um wieder er selbst zu werden.

TADSCHIKISTAN
Die kluge Henne

Eines Tages pickte und scharrte eine Henne unter einem Baum außerhalb des Dorfes, als ein Schakal auf sie zulief. Er war sehr hungrig und freute sich bei dem Gedanken an das leckere Essen, das ihn erwartete. Aber als die Henne ihn erblickte, flatterte sie auf den Baum.

„Guten Morgen, kleine Henne", sagte der Schakal, „hast du die Neuigkeiten schon gehört?"

„Was für Neuigkeiten?", fragte die Henne.

„Was für Neuigkeiten?", rief der Schakal aus. „Die besten aller Zeiten! Alle Tiere haben Frieden geschlossen, und jetzt sind alle Freunde, sodass keiner mehr den anderen fürchten muss. Du kannst also unbesorgt von diesem Baum herunterkommen, ich werde dich nicht fressen."

Aber die Henne war klug. Sie wusste, wie wenig sie dem Schakal trauen konnte, und antwortete:

„Ich bin froh, dass ich keine Angst mehr vor dir haben muss, aber von hier oben hat man eine bessere Aussicht. Ich kann alle Straßen meines Dorfes sehen."

„Und was gibt es in deinem Dorf zu sehen?", wollte der Schakal wissen.

„Nichts Besonderes, nur ein Rudel Hunde, das in unsere Richtung rennt."

Als der Schakal das hörte, sprang er auf und rannte los.

„Aber warum rennst du fort?", rief die Henne ihm nach. „Du hast mir doch gerade gesagt, dass alle Tiere Frieden geschlossen haben! Die Hunde werden dir nichts antun!"

„Glaubst du, ich kenne diese dummen Dorfhunde nicht? Sie haben bestimmt noch nichts davon gehört!", rief der Schakal und war blitzschnell verschwunden.

KIRGISISTAN
Der verzauberte Garten

Es waren einmal zwei Freunde, die arbeiteten sehr hart. Der eine hieß Asan. Er bewirtschaftete ein kleines Stück Land. Der andere, Khasen mit Namen, hatte kürzlich das Einzige, was er besaß, verloren, seine Herde von Widdern.

„Khasen, nimm die Hälfte meines Landes, damit du Nahrung hast", sagte Asan.

Die beiden Freunde begannen, Seite an Seite zu arbeiten.

Eines Tages schlug Khasen mit seiner Hacke beim Pflügen auf einen Metallgegenstand. Es war ein Topf voller Gold. Außer sich vor Freude lief Khasen zu seinem Freund:

„Asan, schau, was ich auf deinem Land gefunden habe! Jetzt bist du reich!"

„Es ist dein Gold, nicht meins", antwortete Asan. „Ich habe dir dieses Land gegeben."

Aber Khasen war damit nicht einverstanden, und sie gerieten in Streit, bis sie schließlich beschlossen, ins Dorf zu gehen und den alten Weisen aufzusuchen.

Der Weise hörte die beiden Freunde an und fragte dann seine drei Schüler nach ihrer Meinung.

„Das Gold soll dem Dorfvorsteher gegeben werden", sagte der erste.

„Es soll dorthin zurückgelegt werden, wo es gefunden wurde", sagte der zweite.

Der dritte, Alì hieß er, sagte: „Mit dem Gold soll in der Steppe ein Garten angelegt werden, der Menschen Schatten spendet, die unter der Sonnenhitze leiden." Und der Weise stimmte ihm zu.

Asan und Khasen gaben Alì das Gold, damit er davon Setzlinge und Blumensamen für den neuen Garten kaufte. Auf dem Markt erblickte Alì ein Kamel, das mit Käfigen voller zarter Vögel beladen war. „Wohin bringst du diese Vögel?", fragte Alì den Besitzer des Kamels.

„In den Palast des Khan", antwortete der Mann, „wo man mir viel Gold dafür geben wird."

„Ich gebe dir mein ganzes Gold", rief Alì aus, „aber du musst sie sofort freilassen!"

Der Besitzer des Kamels öffnete die Käfige und die winzigen Gefangenen flogen davon. Plötzlich kam Alì zur Besinnung: „Was habe ich getan! Jetzt habe ich nicht genug Geld, um die Samen für den Garten zu kaufen!"

Der junge Mann machte sich traurig auf den Weg nach Hause, fühlte sich aber plötzlich müde und hielt unter einem Baum ein Nickerchen. Wenig später landete ein Vogel auf seiner Schulter:

„Wir möchten dich dafür entschädigen, dass du uns die Freiheit geschenkt hast. Meine Freunde haben überall Bäume und Blumen gepflanzt; sieh selbst!"

Alì öffnete die Augen und sprang erstaunt auf: In der Steppe wuchsen bereits prächtige Bäume, und kurz darauf erschien ein üppiger Rosengarten.

Alle Bewohner der Gegend kamen, um ihn zu bewundern, auch Asan und Khasen. Und der verzauberte Garten blüht noch heute in der Steppe.

Die Minister und das Kamel

Es war einmal eine reiche Stadt namens Alakapuri. Sie wurde von König Alakesa regiert, einem geschickten Herrscher, der von seinem Volk sehr geliebt wurde. In der Stadt herrschte so viel Frieden, Harmonie und Wohlbefinden, dass niemand Grund hatte zu kämpfen, nicht einmal die Tiere. Die Kuh und der Tiger tranken aus demselben Wasserloch, die Katzen lebten einträchtig mit den Mäusen zusammen, und verschiedene Vogelarten brüteten ihre Eier im selben Nest.

In Alakapuri lebte ein reicher Kaufmann, dem eines Tages ein Kamel davonlief. Er suchte es überall, doch vergebens. Seine Suche brachte ihn schließlich bis an die Grenze der Stadt Mathurapuri, die von König Mathuresa und vier Ministern regiert wurde. Aus Gründen, die wir nicht kennen, hatten sich die Minister mit dem König zerstritten und das Königreich verlassen, und als sie fortgingen, entdeckten sie Kamelspuren auf dem Boden.

Aus den Spuren auf dem Boden und anderen Zeichen am Weg hatte jeder der Minister etwas über die Gesundheit des Kamels herausgelesen.

Unterwegs trafen sie den Kaufmann, der sie fragte, ob sie zufällig sein geliebtes Tier gesehen hatten. Nacheinander stellte jeder der Minister dem Mann eine Frage:

„Lahmt das Kamel zufällig auf einem Bein?"

„Ist es vielleicht auf dem rechten Auge blind?"

„Ist sein Schwanz kürzer als normal?"

Und der letzte Minister fragte: „Hat es vielleicht Magenprobleme?"

Der Kaufmann beantwortete alle Fragen mit Ja: Die Minister hatten die Spuren des Kamels vollkommen richtig gedeutet.

„Wo habt ihr mein Kamel gesehen?", fragte der Mann besorgt.

„Oh, wir haben es nicht gesehen. Wir haben nur seine Spuren auf der Straße entdeckt."

Aber der Kaufmann glaubte, die Männer versuchten, ihn zu täuschen: Sie konnten all diese Dinge unmöglich wissen, ohne das Kamel tatsächlich gesehen zu haben. Er beschuldigte sie, Diebe zu sein, und brachte sie vor König Alakesa, der Recht über sie sprechen sollte.

Der König, ebenso misstrauisch wie der Kaufmann, befragte die Minister, die sich verteidigten:

„Ich bemerkte, dass einer der Fußabdrücke schwächer war als die anderen, deshalb dachte ich, dass das Kamel lahmt", sagte der erste.

„Ich bemerkte, dass die Blätter der Bäume auf der linken Straßenseite abgefressen oder abgerissen waren, während die auf der rechten Straßenseite intakt waren. Ich kam zu dem Schluss, dass das Tier auf dem rechten Auge blind sein muss", sagte der zweite.

Und der dritte sagte: „Ich bemerkte eine Spur kleiner Blutstropfen auf dem Boden, die, wie ich dachte, durch Mückenstiche verursacht worden waren. Und so kam ich zu dem Schluss, dass der Schwanz des Kamels kürzer sein muss als normalerweise, denn sonst hätte es die Insekten damit fortscheuchen können."

Schließlich sagte der letzte Minister: „Ich bemerkte, dass die Fußabdrücke der Vorderbeine auf dem Boden deutlicher sichtbar waren als die der Hinterbeine, und deshalb dachte ich, dass das Tier Bauchschmerzen haben könnte."

Der König war fassungslos über die unglaubliche Intelligenz der Minister, und in seinen Augen hatten sie ihre Unschuld bewiesen. Er beschloss, dem Kaufmann Geld zu geben, damit er sich ein neues Kamel kaufen konnte, und bat die Minister, in seine Regierung zu kommen. Jedem von ihnen übertrug er die Verantwortung für ein Dorf.

Das schlaue Kaninchen

Es war einmal ein Tiger, der Tag und Nacht im Dschungel jagte, um seinen Hunger zu stillen. Die anderen Tiere lebten in Angst und Schrecken, weil sie jeden Moment fürchten mussten, in den Klauen des mächtigen Raubtiers zu landen.

Das einzige Tier, das keine Angst vor dem großen wilden Tiger hatte, war ein sehr schlaues Kaninchen. Es lebte in seinem Bau, den es nur verließ, um nach Nahrung zu suchen, wenn es wusste, dass der Tiger schlief und der Dschungel nicht gefährlich war. Da das Karinchen aber auch sehr nett und großzügig war, bedauerte es, dass seine Freunde Angst vor dem Tiger hatten. Eines Abends trafen sich die Tiere, um die Angelegenheit zu besprechen.

„Freunde, was können wir tun?", fragten die Affen.

„Wir haben es satt, in Angst zu leben", sagten die Schweine.

Da erschien das Kaninchen und ergriff das Wort. Es sagte:

„Ich werde mit dem Tiger sprechen. Überlasst das mir, und das Problem ist bald gelöst!"

Die Tiere waren dankbar, aber im Grunde glaubten sie nicht, dass das kleine Tier gegen einen so großen und wilden Tiger eine Chance hatte.

„Was hast du vor, Kaninchen?", fragten sie.

„Habt keine Angst, vertraut mir", antwortete das Kaninchen und sprang in Richtung des Waldes davon, in dem der Tiger hauste.

Als das Kaninchen vor dem Tiger stand, war es ein wenig verängstigt, aber auch entschlossen, seinen Freunden zu helfen. Es nahm all seinen Mut zusammen und sprach:

„Ich bin gekommen, um dir zu sagen, dass es im Dschungel einen Tiger gibt, der größer und grausamer ist als du."

„Aber das ist unmöglich!", rief der Tiger. „Ich bin der Stärkste, und ich werde es beweisen."

„Ich sage die Wahrheit", sprach das Kaninchen. „Dieser Tiger hat meinen Bruder gefangen und mir gesagt, er werde zurückkommen, um jeden herauszufordern, der glaubt, er sei stärker als er."

„Zeige mir, wo ich ihn finden kann ... Ich werde ihm eine Lektion erteilen, die er nie vergessen wird!", rief der Tiger, der auf das Kaninchen hereinfiel.

Und so gingen das Kaninchen und der Tiger durch den Dschungel, doch nach einer Weile warf sich das Kaninchen auf den Boden und gab vor, zu müde zu sein, um weiterzulaufen.

„Ich kann nicht mehr gehen. Bitte, Tiger, lass mich auf einer deiner Vordertatzen sitzen." Der Tiger glaubte dem Kaninchen und ließ es auf eine seiner Tatzen klettern. Kurz darauf erreichten die beiden eine Lichtung mit einem tiefen Brunnen.

„Der Tiger, den du suchst, sitzt am Grunde des Brunnens, zusammen mit meinem Bruder", sagte das Kaninchen. Da beugte sich die Raubkatze über den Brunnen und spiegelte sich im Wasser. Sie erblickte einen Tiger, der ein Kaninchen zwischen den Pfoten hielt.

„Jetzt halte dein Versprechen und rette meinen Bruder", sagte das Kaninchen.

„Das werde ich niemals tun!", rief der Tiger. „Ich werde dich und deinen Bruder mit einem Bissen verschlingen und dann gegen diesen Tiger kämpfen, denn im Dschungel darf es niemanden geben, der stärker ist als ich."

Kaum hatte er das gesagt, sprang das Kaninchen von seinen Pfoten, und es sah aus, als würde der Tiger im Spiegelbild angreifen. Der echte Tiger, der nicht gemerkt hatte, dass er hereingelegt wurde, sprang in den Brunnen, doch anstatt seinem Feind gegenüberzustehen, fand er sich tief unten im kalten Wasser wieder.

„Du magst groß und stark sein", rief das kluge Kaninchen, „aber ich bin eindeutig intelligenter!"

Zurück bei seinen Freunden erzählte das Kaninchen, was geschehen war, und versprach, dass der Tiger sie nie wieder bedrohen würde. Dankbar feierten die Tiere zu seinen Ehren ein großes Fest.

Warum Elefanten nicht fliegen können

Vor langer Zeit konnten die Elefanten fliegen. Sie hatten vier riesige Flügel und bewegten sich so schnell durch die Lüfte, dass alle anderen Tiere ihnen gebannt zuschauten.

Da sie so stark und schnell waren, beschloss Gott, sie um Hilfe zu bitten, damit er seiner Schöpfung den letzten Schliff geben konnte. Sie flogen ihn schnell vom einen Ende des Planeten zum anderen, und dank ihrer Kraft konnte er ganze Gebirge wie den Himalaja in Indien und große Berge wie den Kilimandscharo in Tansania versetzen.

Als die Arbeit getan war, gewährte Gott den Elefanten einen langen Urlaub, aber sie wussten nicht, was sie mit sich anfangen sollten und langweilten sich sehr. Sie verbrachten ihre Zeit damit, über ihre Taten zu sprechen und waren schließlich davon überzeugt, dass sie weit besser waren als alle anderen Tiere. Und so begannen sie, sich sehr respektlos zu verhalten. Wenn sie Bananen wollten, pflückten sie alle Bananen von den Bäumen und ließen keine für andere übrig. Wenn sie ins Dorf gingen, trampelten sie wild umher und zerstörten die Felder und die Häuser. Die Dorfbewohner und die anderen Tiere hatten genug von ihnen, und so beschloss Gott einzugreifen. Den Elefanten, die zu gierig und zu selbstherrlich geworden waren, musste eine Lektion erteilt werden.

Gott lud alle Elefanten zu einem Fest ein. Es gab jede Menge Essen, alles, was sie sich nur wünschen konnten. Sie fraßen alle so viel, dass sie nach einer Weile erschöpft einschliefen. Gott machte sich dies zunutze und nahm ihnen die Flügel fort, die so viele Probleme verursacht hatten. Als die Elefanten aufwachten und die böse Überraschung sahen, wurden sie sehr wütend.

„Meine lieben Elefanten", sagte Gott, „ihr habt kein Grund, wütend zu sein. Ich brauche eure Hilfe weiterhin. Ich möchte, dass ihr eure Kraft einsetzt, um den Menschen im Dorf zu helfen, die Häuser und die Felder, die ihr zerstört habt, wieder instand zu setzen.

Die Elefanten erkannten, was sie getan hatten, und schämten sich sehr. Sie halfen den Dorfbewohnern, alles wieder aufzubauen. Bis heute sind sie gut Freund mit den Menschen und helfen ihnen, wann immer sie in Not sind.

CHINA
Der neunköpfige Vogel

Es waren einmal ein König und eine Königin, die hatten eine schöne Tochter. Als das Mädchen eines Tages im Garten spazieren ging, entfachte ein neunköpfiger Vogel einen schrecklichen Sturm und trug die Prinzessin fort. Der König verkündete, dass derjenige, der ihm seine Tochter zurückbrächte, sie zur Frau bekäme.

Ein junger Bauer hatte gesehen, wie der neunköpfige Vogel die Prinzessin zu seiner Höhle auf einem steilen Berg getragen hatte, der kaum zu erklimmen war. Während der junge Bauer auf den Berg blickte, kam ein Mann des Weges und fragte ihn, wonach er schaue.

Der Bauer erzählte es ihm, und der Mann bot ihm an, ihn in die Höhle zu bringen, damit er die Prinzessin retten könne. Der junge Bauer war einverstanden, doch als er die Prinzessin gerettet hatte, lief der Mann – der nicht so großherzig war, wie er schien – mit ihr davon und ließ den Bauern in der Höhle zurück.

Der Bauer begann, die mysteriöse Höhle zu erkunden und fand einen Fisch auf dem Boden. Kaum hatte er ihn aufgehoben, verwandelte er sich in einen Jungen, der dem Bauern ewige Dankbarkeit versprach. Der gutherzige Bauer ging weiter und fand schließlich einen Weg, der aus der Höhle hinausführte. Vor deren Eingang saß ein Drache, der auf ihn zu warten schien und ihm anbot, ihn den Berg hinunterzubringen.

Am Fuße des Berges wanderte der junge Bauer ohne Ziel drauflos und fand auf dem Boden einen Schildkrötenpanzer voller wunderschöner Perlen. Es waren Zauberperlen. Wenig später erreichte er das Meer. Er warf eine Perle hinein, das Wasser öffnete sich und gab das Haus des Seedrachen frei.

Der Seedrache erkannte den Bauern und dankte ihm dafür, dass er seinen Sohn aus der Höhle des neunköpfigen Vogels gerettet hatte. Der Sohn schlug dem jungen Bauern vor, den Vater als Belohnung um eine magische Kürbisflasche zu bitten. So geschah es, und der junge Bauer machte sich mit seinem kostbaren Geschenk auf den Weg in die Stadt, in der die Prinzessin lebte.

Diese war bereits im Begriff, den Betrüger zu heiraten, aber der junge Bauer warf die Kürbisflasche auf den Boden, und das aus ihr herauslaufende Wasser verwandelte sich in einen Zauberspiegel. Darin sah die Prinzessin, was wirklich in der Höhle geschehen war.

Nun wurde der Betrüger aus dem Königreich verbannt, und der junge Bauer konnte endlich die Prinzessin heiraten.

Chang'e

Vor langer, langer Zeit, als Kaiser Yao noch regierte, erschienen zehn Sonnen am Himmel und strahlten um die Wette. Es war so heiß, dass die Flüsse versiegten, die Ozeane kochten, die Pflanzen verdorrten, die Erde aufbrach und die Berge einstürzten. Also beteten Kaiser Yao und sein Volk zum Herrn des Himmels, er möge ihnen Hilfe schicken. Ihr Gebet wurde erhört, und der Held Hou Yi erschien unter ihnen, begleitet von seiner Frau Chang'e. Er war geschickt mit Pfeil und Bogen, und ihre Schönheit blendete jeden, der sie ansah. Kaiser Yao empfing sie fürstlich, kniete vor ihnen nieder und berührte mit seiner Stirn den Boden, wie es Untertanen vor ihrem Herrn tun.

„Rette uns, oh großer Hou Yi. Befreie uns von diesen furchterregenden Feuerkugeln!"

Sogleich griff der Held zu seinem roten Bogen und den weißen Pfeilen und zielte auf eine der Sonnen. Beim ersten Schuss fiel der rotgoldene Körper eines riesigen dreibeinigen Vogels zu Boden, durchbohrt von einem Pfeil. Deshalb heißt die Sonne in China „goldener Vogel" oder „roter Vogel". Am Himmel stand nun eine Sonne weniger, und die Menschen begannen vor Freude zu tanzen und zu singen, während Hou Yi weitere Pfeile abschoss, bis der neunte Vogel herabgefallen war. Nun war nur noch eine Sonne übrig. Als Kaiser Yao sah, dass der Held einen weiteren Pfeil ansetzte, hielt er ihn auf, damit die Erde nicht in immerwährende Nacht gehüllt wurde.

Nachdem Hou Yi seine Aufgabe erfüllt hatte, baute er sich einen prächtigen Palast und wurde König eines riesigen Landes, das ihm Steuern und Abgaben zahlte. Zuerst liebten ihn die Menschen und waren dankbar, weil er den Himmel von den neun goldenen Vögeln befreit hatte, doch der Held verwandelte sich zunehmend in einen hasserfüllten Tyrannen, der alles tat, um seine Launen zu befriedigen. Schließlich beschloss er, ewig leben zu wollen, und sagte zu Chang'e:

„Meine liebe Frau, warum soll unser Leben kürzer sein als ein Atemzug, während himmlische Wesen niemals sterben?"

Also ging Hou Yi in die Kunlun-Berge, wo die weisesten aller Tao-Mönche lebten, und einer von ihnen bereitete ihm einen Trank zu. Schon ein Schluck davon schenkte Unsterblichkeit. Der Held ging heim zu seiner Frau und befahl ihr, der Trank in einen Krug zu füllen. Er wollte ihn noch am selben Abend austrinken, und dann würde seine Herrschaft niemals enden. Aber Chang'e, die ganz anders war als ihr Ehemann, dachte:

„Wenn Hou Yi ewig lebt, werden die Menschen in diesem Land niemals frei sein."

So trank die schöne Frau den Trank des Mönchs selbst bis zum letzten Tropfen aus. Sie fühlte sich sofort federleicht und schwebte im nächsten Moment wie ein Drachen in der Luft, ihre weiten Seidenärmel flatterten um sie herum, und der Wind trug sie immer höher. Schließlich ließ sie sich auf dem Mond nieder, wo sie einen wunderschönen leeren Palast entdeckte, der wie für sie gemacht schien, und beschloss, dort zu bleiben. Seitdem lebt Chang'e im Himmel, in ihrem Palast auf dem Mond, und das wird bis ans Ende aller Zeiten so bleiben.

CHINA
Ma Liang und der Zauberpinsel

Es war einmal ein Mann namens Ma Liang. Er war arm, aber freundlich, und er hütete die Kühe eines reichen Mannes. Ma Liang malte sehr gerne und war sehr talentiert. Eines Nachts träumte er, dass ein alter Mann ihm einen Zauberpinsel gab und ihm auftrug, damit denjenigen zu helfen, die seine Hilfe am dringendsten brauchten. Am nächsten Morgen lag der Zauberpinsel auf seinem Tisch, und Ma Liang benutzte ihn so, wie er es dem alten Mann im Traum versprochen hatte. Wenn jemand dringend etwas benötigte, malte er es. Brauchte beispielsweise jemand Wasser für seine Felder, so malte Ma Liang einen Fluss. Eines Tages hatte der reiche Mann, für den Ma Liang lange gearbeitet hatte, herausgefunden, dass der Pinsel alles zum Leben erweckte, was mit ihm gemalt worden war.

Der Mann beschloss, ihn zu stehlen, um mit seiner Hilfe noch reicher zu werden, als er schon war. Er befahl seinen Männern, Ma Liang gefangen zu nehmen und ihm den Pinsel zu bringen. Sobald er hatte, was er wollte, lud der Mann viele Menschen in sein Haus ein, um ihnen die Zauberkraft des Pinsels vorzuführen, aber seine Bilder blieben, was sie waren - Bilder.

Wütend ließ er Ma Liang holen. „Wenn du malst, was ich dir sage, und die Dinge zum Leben erweckst, lasse ich dich frei", sagte der Mann. Ma Liang wusste, was für ein Mensch er war, und wollte ihm nicht helfen. Da kam ihm eine Idee.

„Ich werde dir helfen", versprach er, „sag mir, was ich malen soll."

Der Reiche befahl ihm, einen Berg aus Gold zu zeichnen, von dem er sich nehmen konnte, wann immer er wollte. Zuerst malte Ma Liang das Meer. Als der reiche Mann protestierte, malte er den Berg aus Gold direkt dahinter. Halb erfreut, halb zornig befahl ihm der reiche Mann, ein Schiff zu malen, damit er zu dem Berg gelangen konnte. Genau das hatte Ma Liang gehofft, und als das Schiff dastand, eilten der Reiche und alle seine Freunde zum Schiff. Sie waren gierig nach dem Gold, und brachen über das Meer in Richtung Berg auf.

Nun fehlte Ma Liang nur noch eines, um seinen Plan zu vervollständigen. Er malte einen Blitz. Der traf das Schiff, zerstörte es und verhinderte, dass die habgierigen Männer in ihr Dorf zurückkehrten. Von nun an lebten Ma Liang und seine Familie glücklich und zufrieden, und Ma Liang konnte den Bedürftigen wieder mit seinem Pinsel helfen.

Das Fohlen und der Fluss

Einst lebte ein Fohlen mit seiner Mutter im Stall. Es hatte den Stall noch nie verlassen und war auch noch nie ohne seine Mutter fort gewesen. Eines Tages sagte seine Mutter zu ihm:

„Es ist Zeit für dich, hinauszugehen und zu lernen, kleine Arbeiten für mich zu erledigen. Bring diesen Sack Weizen zur Mühle!" Mit dem Sack auf dem Rücken galoppierte das Fohlen Richtung Mühle, stolz, sich nützlich machen zu können. Doch nach einer Weile war ihm der Weg durch einen angeschwollenen Fluss versperrt. Es wusste nicht, was es tun sollte, und stand verunsichert am Ufer. Auf der Suche nach jemandem, den es um Rat fragen könnte, blickte es sich um und sah einen alten Ochsen in der Nähe grasen.

Das Fohlen ging zu ihm und fragte: „Glaubst du, ich kann den Fluss durchqueren?"

„Natürlich kannst du, das Wasser ist nicht tief. Es reicht mir kaum bis zu den Knien", antwortete der Ochse.

Das Fohlen galoppierte auf den Fluss zu, aber als es ans Ufer kam und ins Wasser springen wollte, kam ein Eichhörnchen angehüpft und rief aufgeregt: „Tu das nicht, durchquere nicht den Fluss! Es ist gefährlich, du könntest ertrinken!"

„Ist der Fluss denn so tief?", fragte das Fohlen verwirrt.

„Ja, das ist er. Ich gehe nie hindurch", antwortete das Eichhörnchen.

Das Fohlen wusste nicht mehr, wem es glauben sollte, und beschloss, heimzukehren und seine Mutter um Rat zu fragen.

„Ich bin zurückgekommen, weil der Fluss zu tief ist", sagte es verlegen. „Und ich kann ihn nicht durchqueren."

„Bist du sicher? Ich glaube nicht, dass das Wasser zu tief ist", antwortete seine Mutter.

„Das hat der alte Ochse auch gesagt, aber dann hat das Eichhörnchen mich gewarnt, der Fluss sei zu gefährlich."

„Na ja, was denkst du? Ist das Wasser tief oder flach?", fragte ihn seine Mutter.

„Ich weiß nicht, was ich denken soll", antwortete das Fohlen.

„Mein Kind, nimm niemals einen Rat an, ohne zuerst darüber nachzudenken. Das kannst du ganz allein. Der Ochse ist groß, also denkt er natürlich, dass der Fluss flach ist. Das Eichhörnchen ist winzig und findet daher den Fluss sehr tief."

Mit den Worten seiner Mutter im Ohr galoppierte das Fohlen voller Selbstvertrauen zum Fluss zurück und entdeckte, dass das Wasser weder so flach war, wie der Ochse gesagt hatte, noch so tief, wie das Eichhörnchen behauptet hatte.

MONGOLEI
Die fünf Brüder

Es war einmal eine wunderschöne Königin mit Namen Alungoo. Sie hatte fünf Söhne, die sie mehr als alles andere auf der Welt liebte. Doch wenn sie alle zusammen waren, machten sie Alungoo stets großen Kummer: Die Brüder konnten einfach nicht miteinander auskommen. Ihr ständiger Streit tat der Königin im Herzen weh, und je älter die Brüder wurden, desto schlimmer schien es zu werden. Alungoo wusste nicht, wie sie ihre Söhne dazu bringen sollte, friedlich miteinander auszukommen. Doch eines Tages kam ihr eine Idee, wie sie ihnen zeigen konnte, wie wichtig es war, zusammenzuhalten.

Sie rief alle fünf Söhne in ihr Haus und gab jedem von ihnen einen Pfeil.

Dann sagte sie zu ihnen: „Nehmt eure Pfeile und brecht sie durch." Ihre Söhne taten, wie ihnen geheißen, und sie zerbrachen ihre Pfeile mühelos.

Dann gab Alungoo jedem ein Bündel mit fünf Pfeilen und sagte: „Nehmt jetzt alle Pfeile auf einmal und versucht, sie durchzubrechen." Wieder taten ihre Söhne, wie ihnen geheißen, doch diesmal gelang es keinem von ihnen, seine Pfeile zu zerbrechen.

Daraufhin blickte die Königin jedem Einzelnen von ihnen in die Augen und sagte: „Meine Söhne, ihr seid wie diese Pfeile. Seid ihr allein und von den anderen getrennt, seid ihr leicht zu brechen; aber legt ihr euren Groll beiseite und haltet zusammen, so werdet ihr unbesiegbar sein."

Die Söhne verstanden die Lektion ihrer Mutter. Sie hörten sofort auf zu streiten und fanden einen Weg, harmonisch zusammenzuleben.

Wenn wir heute sagen, wir wollen so stark sein wie die fünf Pfeile von Alungoo, bedeutet das, dass wir zusammenhalten und zusammenarbeiten sollen.

RUSSLAND
Das kluge kleine Mädchen

Zwei Brüder – einer reich, der andere arm – reisten einmal zu einem großen Pferdemarkt in der Großen Steppe Russlands. Der eine ritt einen Hengst, der andere eine Mähre.

Bei Anbruch der Nacht hielten sie an und schlugen ihr Nachtlager in einer Scheune auf. Ihre Pferde banden sie draußen an. Am nächsten Morgen fanden sie nicht nur zwei Pferde vor, sondern drei: In der Nacht war ein Fohlen auf die Welt gekommen.

„Es gehört mir", sagte Dimitri, der reiche Bruder, „es ist das Fohlen meines Hengstes."

Ivan, der arme Bruder, entgegnete: „Und ich sage, es ist das Fohlen meiner Mähre!" Und sie fingen an zu streiten.

Sie beschlossen, in die Stadt zu gehen und einen Richter um Rat zu fragen.

Es war jedoch ein ganz besonderer Tag, an dem der Zar selbst Recht sprach. Dieser wollte gerade zugunsten des armen Bruders sein Urteil fällen, als Ivan unglücklicherweise mit einem Auge zwinkerte. Der Zar ärgerte sich über diese Vertraulichkeit und beschloss, ihn für seinen mangelnden Respekt zu bestrafen. So erklärte er, dass es sich unmöglich feststellen lasse, wer der rechtmäßige Besitzer des Fohlens sei, und sagte:

„Ich kann nicht entscheiden, wer von euch das Fohlen haben soll, also werde ich den Bruder belohnen, der diese Rätsel lösen kann: Was ist das schnellste Ding der Welt? Was ist das größte? Was ist das weichste und was das kostbarste? Kehrt in einer Woche mit euren Antworten in den Palast zurück!"

Als Dimitri auf seinem Heimweg über die Antworten nachdachte, beschloss er, seine Nachbarin – die ihm einen Gefallen schuldete – um Hilfe zu bitten. Sie antwortete: „Das schnellste Ding der Welt ist das Pferd meines Mannes. Unser Schwein ist das größte. Die Decke, die ich mit den Federn meiner Gans für mein Bett gemacht habe, ist die weichste. Und das Kostbarste auf der Welt ist mein Enkel."

Dimitri hatte ernsthafte Zweifel an der Antwort der Frau, ihm fiel aber nichts Besseres ein. Ivan ging nach Hause und vertraute sich seiner siebenjährigen Tochter an. Sie sagte zu ihm: „Sage dem Zaren, dass der kalte Nordwind im Winter das schnellste Ding der Welt ist. Das größte ist die Erde auf unseren Feldern, deren Ernten Menschen und Tiere ernähren, das weichste ist die Liebkosung eines Kindes, und das Kostbarste ist Ehrlichkeit."

Der Tag kam, an dem die beiden Brüder wieder beim Zaren vorsprechen mussten. Dieser war sehr neugierig auf ihre Antworten. Über Dimitris absurde Worte lachte er. Ivans Antworten jedoch verunsicherten den Zaren, besonders jene über die Ehrlichkeit, weil er dem armen Bruder gegenüber unehrlich gewesen war. Aber das konnte er seinen Ratgebern nicht eingestehen und fragte Ivan zornig: „Von wem hast du diese Antworten?"

Ivan sagte, von seiner kleinen Tochter. Immer noch verärgert sagte der Zar: „Du sollst dafür belohnt werden, dass du eine so kluge Tochter hast, und das Fohlen und hundert silberne Dukaten bekommen. Aber du musst in einer Woche wiederkommen, mit deiner Tochter. Sie soll zeigen, wie klug sie ist: Sie darf weder zu Fuß noch zu Pferd kommen, weder mit Geschenken noch ohne. Nur dann bekommst du die Belohnung."

Ivan ging nach Hause und erzählte seiner Tochter, was der Zar gesagt hatte. Sie hatte sofort eine Idee. Als der Tag kam, ritt das Mädchen auf einem Hasen zum Palast, mit einem Rebhuhn unter dem Arm.

Der Zar rief: „Ich sagte, weder mit Geschenken noch ohne!" Bei diesen Worten l eß das Kind das Rebhuhn los. Der Zar versuchte es zu fangen, aber das Rebhuhn flog davon.

Der Zar konnte nicht umhin, das kleine Mädchen zu bewundern, und sagte: „Ist dein Vater arm und braucht das Fohlen?"

„Ja, wir leben von den Hasen, die er im Fluss fängt, und von den Fischen, die er von den Bäumen pflückt!"

„Ha!", sagte der Zar, „du bist also doch nicht so schlau! Wer hat jemals von Hasen in Flüssen und von Fischen auf Bäumen gehört!"

Das kleine Mädchen antwortete:

„Und wer hat jemals von einem Hengst gehört, der ein Fohlen geboren hat?"

Da brachen der Zar und der gesamte Hofstaat in Gelächter aus. Ivan bekam das Fohlen und die Dukaten, und dann sagte der Zar:

„So ein schlaues kleines Mädchen konnte nur in meinem Königreich geboren werder!"

Die undankbare Schlange

An einem kalten Wintertag hörte ein Jäger, wie jemand rief:

„Guter Mann, rette mich! Mein Schwanz steckt im Eis fest."

Beim Durchqueren eines Baches, der plötzlich zugefroren war, war eine Schlange im Eis stecken geblieben. Der Jäger zertrümmerte mit seinem Gewehrkolben das Eis und befreite das fast bewusstlose Reptil.

„Bitte wärme mich, sonst sterbe ich", flehte die Schlange nun.

Gutgläubig nahm der Mann sie unter seine Jacke. Doch als sie sich erholt hatte, zischte sie:

„Danke, dass du mir das Leben gerettet hast, aber nun muss ich dich beißen. Mir wurde beigebracht, Gutes mit Bösem zu vergelten."

„Warte, Schlange", antwortete der Mann, „dir wurde etwas Falsches beigebracht. Ich habe gelernt, dass man Gutes mit Gutem erwidern soll. Nicht überzeugt? Fragen wir das erste Wesen, das uns begegnet. Dann werden wir sehen, wer von uns recht hat."

Die Schlange war einverstanden und rollte sich unter der Jacke des Jägers zusammen. Da trafen sie eine Kuh, erzählten ihr ihre Geschichte und fragten sie, was sie denke. Die Kuh sagte:

„Du sollst Gutes mit Gutem vergelten. Mein Herr gibt mir Heu, und dafür gebe ich ihm Milch."

„Wie du siehst", sagte der Jäger zur Schlange, „solltest du mich verschonen."

„Nicht unbedingt", erwiderte das Reptil. „Die Kuh ist ein dummes, großes Tier; lass uns jemand anderes fragen." Dann trafen sie ein Pferd, und auch dieses stimmte dem Jäger und der Kuh zu:

„Mein Herr gibt mir Futter, und dafür ziehe ich seinen Karren."

Aber das änderte nichts an der Ansicht der Schlange:

„Die Kuh und das Pferd sind Haustiere und stehen daher immer auf der Seite des Menschen. Lass uns herausfinden, was die Tiere im Wald denken."

Im dichten Wald sahen sie eine Wildkatze auf einen Baum klettern.

„Du kannst beurteilen, wer von uns recht hat", rief die Schlange ihr zu. „Dieser Mann hat mir das Leben gerettet und ich muss ihn beißen, denn ich bin eine Schlange. Sage uns, wie Gutes deiner Meinung nach vergolten werden soll."

„Ich bin sehr alt und höre schlecht. Komm näher", rief die Katze, die sich der bösen Absichten der Schlange bewusst war, sanft. Die Schlange näherte sich dem Ohr der Katze und wiederholte ihre Frage. Da kratzte die Katze die Schlange und sie schlängelte sich davon.

Der Jäger atmete erleichtert auf, dem Tod ein Schnippchen geschlagen zu haben! Er setzte sich die Katze auf die Schulter und ging nach Hause. Seitdem leben Menschen und Katzen harmonisch als Freunde miteinander.

Der Jäger und der Tiger

Es waren einmal ein alter Mann und sein Sohn, die lebten in einer Hütte mitten im Wald. Der Vater warnte seinen Sohn immer vor wilden Tieren, doch der junge Mann hatte keine Angst:

„Mach dir keine Sorgen, Vater. Ich bin vielleicht nicht stark, aber ich bin schlau!"

Der Tiger hörte die Worte des jungen Mannes, und kaum war sein Vater auf die Jagd gegangen, besuchte er ihn:

„Bist du der junge Mann, der vor nichts Angst hat? Dann beweise es mir."

Sie begannen, miteinander zu kämpfen, aber der junge Mann schaffte es, dem Tiger zu entkommen, indem er einen Baum hinaufkletterte.

Der Tiger jagte den Jungen den Baum hinauf, blieb aber in den Ästen stecken: Je mehr er versuchte, sich zu befreien, desto mehr bekam er das Gefühl, zu ersticken. Fast wäre er gestorben, aber der junge Mann hatte Mitleid mit ihm und befreite ihn aus den Ästen. Der Tiger fiel zu Boden, und als er sich erholt hatte, sagte er:

„Du bist nicht nur schlau und mutig, sondern auch gutherzig! Komm mit mir, ich werde dich für deine Großzügigkeit belohnen."

Der junge Mann kam vom Baum herunter und kletterte auf den Rücken des Tigers. Er brachte ihn auf den Gipfel eines Berges, wo der Vater des Tigers in einer großen Jurte lebte.

„Vater, dieser junge Mann hat mir das Leben gerettet."

Also belud der Vater des Tigers einen Schlitten mit Futter und Fellen, damit er sich warm halten konnte.

„Danke, tapferer Jäger", sagte der Tiger. „Nun setze dich auf diesen Schlitten, er wird dich nach Hause bringen."

Der junge Mann setzte sich auf den Schlitten und fuhr den Berg hinab. Sein Weg führte ihn durch die Taiga und schließlich zur Hütte seines Vaters. Als der alte Mann das Geräusch der Kufen im Schnee hörte, ging er hinaus und staunte, seinen Sohn gesund und munter und mit einem so wertvoll beladenen Schlitten zu sehen.

Der dankbare Kranich

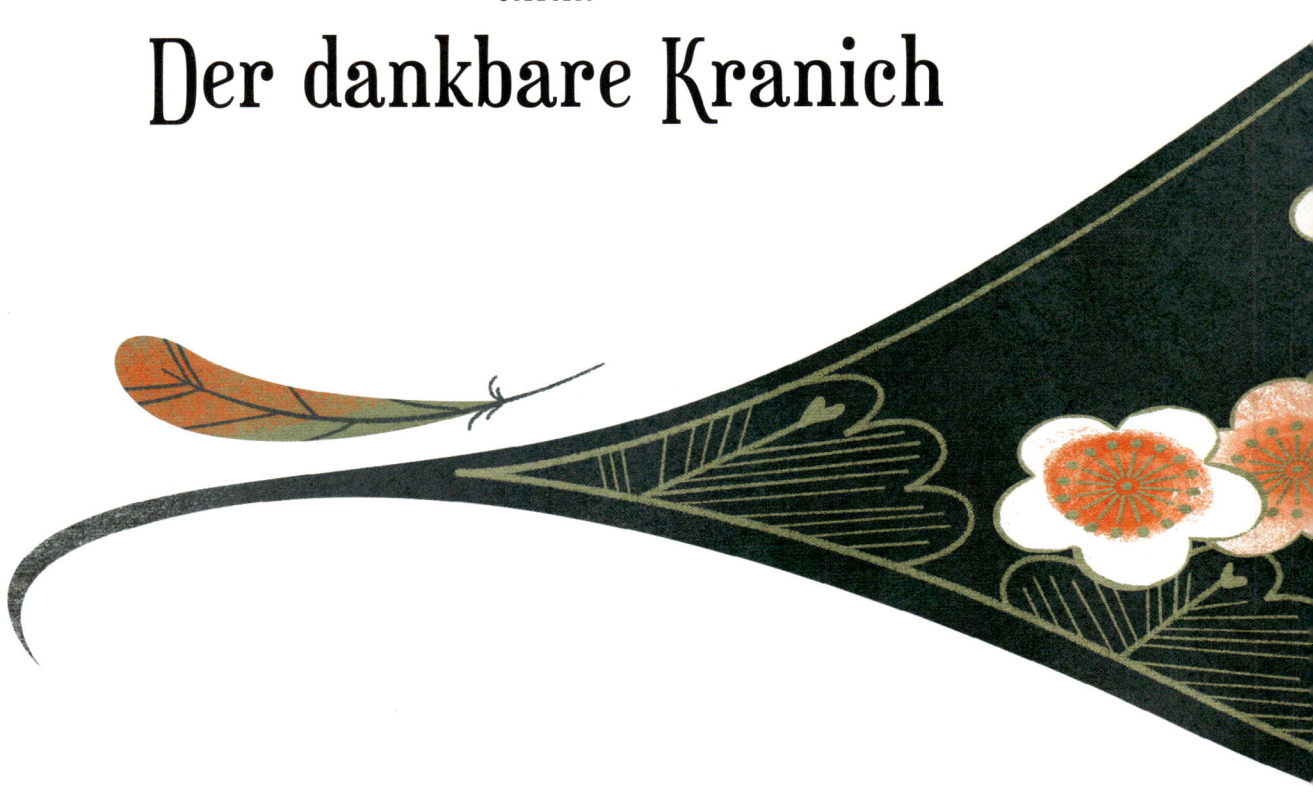

Vor langer Zeit lebte in einem Dorf in Japan ein sehr armer Holzfäller mit seiner Mutter in einer Hütte. Jeden Morgen sammelte er Holz und verkaufte es, sodass sie sich gerade das Nötigste davon kaufen konnten, um zu überleben.

Eines Tages erblickte er einen Kranich in der Falle eines Jägers. Er hatte Mitleid mit dem Vogel und befreite ihn. Einige Tage später klopfte es abends beim Holzfäller an die Tür. Als er öffnete, stand vor ihm die schönste junge Frau, die er je gesehen hatte. Sie bat ihn um ein Nachtlager. Der Holzfäller sagte: „Meine Hütte ist sehr bescheiden. Wenn dich das nicht stört, kannst du gerne bleiben." Die junge Frau fragte den Holzfäller dann, ob sie noch etwas länger bleiben dürfe, und der Mann erlaubte es ihr glücklich. Sie war sehr lieb und half seiner alten Mutter bei der Hausarbeit. Der Waldarbeiter war noch nie so glücklich gewesen. Nach einigen Monaten sagte die junge Frau zum Holzfäller: „Ich muss dich um etwas bitten, das dir vielleicht etwas seltsam vorkommt. Ich muss etwas Wichtiges tun, deshalb verbringe ich drei Tage im Besenschrank. Kannst du mich bitte in dieser Zeit nicht stören?"

Der Holzfäller fand dies sehr seltsam, respektierte aber ihren Wunsch. Am dritten Tag kam die junge Frau aus dem Schrank.

Sie war erschöpft vor Hunger und Müdigkeit, aber in ihren Händen hielt sie ein schönes Tuch: „Dies habe ich für dich gewebt", sagte sie. „Bring es zu dem Herrn dieser Gegend und bitte ihn, dir dafür tausend Goldmünzen zu geben." Das tat der Holzfäller, und als der Herr das Tuch erblickte, sagte er, dass er in seinem ganzen Leben noch nie ein so schönes und kostbares Stück Stoff gesehen hatte und überglücklich sei, es zu kaufen. Der Holzfäller ging mit all dem Geld nach Hause. Doch dann wollten er und seine Mutter mehr, und er bat die junge Frau, ihnen noch ein Tuch zu weben. Sie erklärte sich schließlich einverstanden und schloss sich wieder im Schrank ein.

Viele Tage vergingen, doch das Mädchen kam nicht wieder heraus. So beschloss der Holzfäller, nachzusehen. Aber als er die Tür des Besenschranks öffnete, stand darin anstelle der jungen Frau ein Kranich, der mit seinen Federn statt mit Fäden webte und fast keine Federn mehr übrig hatte. Der Holzfäller erkannte, dass das geheimnisvolle Mädchen in Wahrheit der Kranich war, dem er das Leben gerettet hatte und der sich nun mit den kostbaren Stoffen bei ihm bedankte. Als dieser den Mann bemerkte, nahm er seine menschliche Gestalt an und sagte: „Jetzt, da du mein Geheimnis entdeckt hast, kann ich nicht länger bei dir bleiben." Das Mädchen reichte ihm den fertigen Stoff, nahm wieder seine Vogelgestalt an und flog davon.

JAPAN
Das Mädchen in der Melone

Es war einmal ein älteres Ehepaar, das hatte keine Kinder. Eines Tages ging die Frau an einen Bach, um die Wäsche zu waschen, und sah eine wunderschöne Melone im Wasser schwimmen. Sie beschloss, sie mit nach Hause zu nehmen und gemeinsam mit ihrem Ehemann zu essen. Als die beiden die Melone öffneten, fanden sie darin ein Baby. Sie waren glücklich, denn sie wollten schon immer Kinder im Haus haben. Die Zeit verging, und das Kind wuchs zu einer schönen jungen Frau heran. Alle respektierten sie, weil sie freundlich und großzügig war. Dann verlobte sich das Mädchen mit dem Sohn des Fürsten der Gegend.

Im Wald lebte eine Menschenfresserin, die eifersüchtig auf das Glück der Tochter der Melone war. Eines Tages, als die Eltern ausgegangen waren und das Mädchen allein zu Hause saß, klopfte sie an deren Tür. Als das Mädchen öffnete, entführte die Menschenfresserin sie in eine tiefe Höhle und nahm selbst die Gestalt des Mädchens an. Aber die Eltern merkten, dass mit ihrer Tochter etwas nicht stimmte: Sie war schlecht gelaunt; sie hatte ihre Katze Neko nicht gefüttert und behandelte sie schlecht; und sie sprach nicht über ihren Prinzen.

Die Katze, die Klügste von allen, verstand, was passiert war. Sie verließ das Haus und ging in den Wald. Das Mädchen war mit den Tanuki, den Dachsen des Waldes, gut befreundet, und so fragte Neko sie, ob sie wüssten, wo es sei. Die Tanuki führten sie zu der Höhle. Die Katze befreite das Mädchen, und die Menschenfresserin floh vor den Tieren, die sie für immer aus dem Wald verjagten.

Die Fliege und die Spinne

Es war einmal eine Spinne, die wollte eine Fliege heiraten. Die arme Spinne hatte der Fliege immer und immer wieder ihre Liebe erklärt und sie angefleht, sie zu heiraten, doch die Fliege hatte immer wieder abgelehnt, weil sie, wie sie sagte, Herrn Spinne wirklich nicht mochte.

Eines Tages sah die Fliege, wie Herr Spinne sich ihrem Haus näherte. So schnell sie konnte verriegelte sie alle ihre Türen und Fenster und brachte Wasser in einem Topf zum Kochen. Dann wartete sie. Als Herr Spinne nach ihr rief und sie erneut bat, seine Braut zu werden, übergoss sie ihn mit kochendem Wasser.

Die Spinne wurde sehr wütend und schrie:

„Das werde ich dir niemals verzeihen, du böse Fliege. Ich und alle meine Nachkommen werden dich auf immer und ewig hassen. Wir Spinnen werden dich nie wieder in Frieden lassen."

Herr Spinne hielt sein Wort, und so bauen Spinnen bis heute Netze, um Fliegen zu fangen.

Die neidische Schildkröte

Es war einmal eine Schildkröte, die glaubte, die Vögel seien die glücklichsten Tiere der Welt. Sie beneidete sie um ihre Flügel und ihre Eleganz und sagte fortwährend, wie sehr sie sich wünschte, fliegen zu können. Damit langweilte sie alle anderen Tiere, die ihr inzwischen aus dem Weg gingen.

„Du solltest glücklich sein mit dem, was du hast", sagte der weise alte Mann eines Tages zur Schildkröte, aber sie hörte nicht auf ihn.

Die Schildkröte beschloss, die Gans - die manchmal ein bisschen naiv war - zu bitten, ihr zu helfen, ihren Traum zu verwirklichen. Diese hatte keine Lust, der Schildkröte das Fliegen beizubringen, wollte aber ihre Gefühle nicht verletzen und sagte: „Meine Herde ist gerade im Begriff, auf Winterreise zu gehen, daher bin ich viel zu beschäftigt."

„Es ist mir egal, wie beschäftigt du bist", erwiderte die Schildkröte, „ich will fliegen, und zwar jetzt." Die Gans merkte, wie entschlossen die Schildkröte war, und spielte auf Zeit.

„Also gut, ich werde meine Herde fragen." Aber die Antwort wusste sie bereits.

Eine ihrer Begleiterinnen hatte jedoch eine Idee: „Wenn zwei von uns einen Stock halten, kann sich die Schildkröte mit ihrem starken Maul daran festbeißen. Sie muss aber aufpassen, denn wenn sie loslässt, fällt sie in die Tiefe. Wir können sie nicht retten, so schwer wie sie ist."

Unsere Gans mochte die Idee nicht wirklich und hoffte, dass die Schildkröte Angst davor hatte, herunterzufallen. Aber weil sie eine sehr selbstsüchtige und stumpfe Kreatur war, fand die Schildkröte die Idee brillant.

„Also gut. Aber denk daran, dich gut festzuhalten", warnte ihre Freundin sie.

„Ja, ja natürlich, okay", antwortete die Schildkröte abwesend und dachte schon daran, wie neidisch ihre Gefährten sein würden, wenn sie sie fliegen sähen.

Alles war bereit für ihren Flug. Schließlich hob die Schildkröte mithilfe der Gänse ab und bewunderte die Aussicht auf die Erde von oben. Aber es dauerte nicht lange und sie wollte, dass ihre Gefährten ihren Flug bewunderten, deshalb öffnete sie den Mund, um sie zu rufen. Die Schildkröte erkannte zu spät, was sie getan hatte: Sie hatte den Stock losgelassen!

Sie fiel und fiel, und die Gänse konnten nichts tun, um sie zu retten. Die Schildkröte muss ins Meer gefallen sein, denn nachdem sie sich so lächerlich gemacht hatte, sah niemand sie mehr.

Die Kraft der Freundschaft

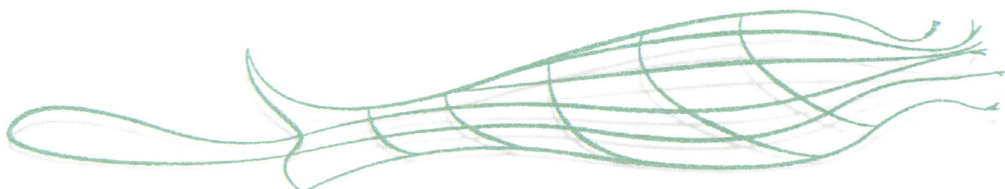

Es waren einmal drei Freunde: ein Hirsch, eine Schildkröte und ein Vogel. Eines Nachts verfing sich der Hirsch mit seinem Geweih in einem Netz. Er versuchte, sich zu befreien, aber als ihm klar wurde, dass er mit seinen Hörnern oder Hufen das Netz niemals zerreißen könnte, rief er seinen Freund, die Schildkröte, zu Hilfe.

Die Schildkröte kam sogleich und begann, die Schnüre eine nach der anderen durchzubeißen. Doch als der Morgen dämmerte, war sie immer noch nicht damit fertig. Der Jäger, der das Netz ausgelegt hatte, stand bereits auf, nahm Pfeil und Bogen und ging in Richtung Wald.

Der andere Freund des Hirsches, der Vogel, sah, wie der Jäger den Wald betrat. Um ihn abzulenken, begann der Vogel über seinem Kopf zu kreisen, als wäre er verwundet. Der Jäger ließ sich ablenken und verfolgte ihn, während die Schildkröte den Hirsch endlich befreite.

Als der Jäger zum Netz kam, fand er es kaputt und leer vor. Erzürnt griff er nach seinem Bogen und zielte mit einem Pfeil auf den Vogel. Als er gerade schießen wollte, biss ihn die Schildkröte in den Zeh. Der Jäger schrie auf, schoss daneben, und der Vogel entkam. Zornig packte der Jäger die Schildkröte, warf sie in seine Tasche und machte sich auf den Heimweg.

Unterwegs wurde der Jäger hungrig. Er setzte sich in den Schatten eines Baumes, packte seine Reisbällchen aus und aß sie. Da schlich sich von hinten der Hirsch heran, nahm sich unbemerkt mit seinem Geweih die Tasche des Jägers und lief damit in den Wald, wo der Vogel auf ihn wartete.

Der Vogel sprang auf die Tasche und riss mit seinem Schnabel daran, bis die Schildkröte befreit war. Und so hatten sich alle drei Freunde gegenseitig gerettet.

Die Geburt des Tageslichts

Vor langer Zeit, als die Erde geboren wurde, herrschte im Land der Inuit nur Dunkelheit. Sie dachten, es sei auf der ganzen Welt dunkel, bis eines Tages eine alte reisende Krähe auftauchte.

Je mehr die Krähe ihnen von den herrlichen, von Sonnenlicht erfüllten Tagen erzählte, die sie auf ihrer Reise um die Welt erlebt hatte, desto stärker wurde der Wunsch der Inuit nach Tageslicht.

„Wenn wir Tageslicht hätten", sagte einer von ihnen, „könnten wir in größerer Entfernung und längere Zeit am Stück jagen."

„Bei Tageslicht", fügte ein anderer hinzu, „könnten wir den Eisbären kommen sehen und davonlaufen, bevor er uns angreift."

Also baten die Inuit die Krähe, ihnen etwas Tageslicht zu holen. Aber sie wollte nicht:

„Es ist zu weit weg, und ich bin zu alt, um so lange zu fliegen."

Aber die Menschen flehten sie so lange an, bis sie schließlich zustimmte. Sie breitete ihre Flügel

aus und flog in den dunklen Himmel nach Osten. Sie flog sehr lange, und als ihre Flügel vor Müdigkeit zu schmerzen begannen, beschloss sie, anzuhalten und zurückzufliegen.

Gerade wollte sie umkehren, als sie in der Ferne einen schwachen Lichtschein entdeckte. Mutig flog die Krähe weiter, und je näher sie dem Licht kam, desto heller wurde es. Schließlich war der ganze Himmel erleuchtet.

Erschöpft vor Müdigkeit und eisiger Kälte setzte sich der Vogel auf einen Baum in der Nähe einiger Häuser, um sich auszuruhen.

Nach einer Weile sah er ein Mädchen – die Tochter des Dorfvorstehers – zum Bach gehen. Als es seinen Eimer in das eisige Wasser tauchte, verwandelte sich die Krähe in ein Staubkorn und ließ sich auf dem Pelzumhang des Mädchens nieder. Als es wieder nach Hause ging, nahm es die Krähe mit, ohne es zu wissen.

Das Haus war warm und lichtdurchflutet. Das Mädchen zog seinen Pelzumhang aus und die Krähe, immer noch ein Staubkorn, flog zum Ohr eines Kindes, das auf dem Boden spielte, und zwickte es. Das Kind begann zu weinen.

„Was ist los? Warum weinst du?", fragte sein Großvater, der Dorfvorsteher, der am Feuer saß.

„Sag ihm, dass du mit einem Ball aus Tageslicht spielen willst", flüsterte das Staubkorn ihm ins Ohr.

Wie jeder Großvater wollte der Dorfvorsteher, dass sein Enkel glücklich war, und forderte seine Tochter auf, die Schachtel mit den Kugeln aus Tageslicht zu holen. Er holte eine kleine Kugel heraus, wickelte eine Schnur darum und gab sie seinem Enkel zum Spielen.

Das Staubkorn zwickte das Kind erneut ins Ohr, und wieder begann es zu weinen.

„Sag deinem Großvater, dass du draußen spielen willst", flüsterte die Krähe.

Das Kind tat, wie ihm geheißen. Der Dorfvorsteher brachte es vors Haus in den Schnee und ging dann wieder hinein. Die Krähe nahm wieder ihre Vogelgestalt an, durchtrennte die Schnur mit ihren

Krallen und flog mit der Kugel nach Westen davon. Schließlich erreichte sie das Land der Inuit, wo sie die Kugel losließ. Sie zerbrach in Tausende winziger Stücke, Tageslicht drang in alle Häuser, und die Dunkelheit verließ den Himmel.

Alle liefen aus ihren Häusern und riefen aus:

„Wir können kilometerweit sehen! Seht die Berge in der Ferne und das Blau des Himmels! All das haben wir noch nie zuvor gesehen!'

Sie dankten der Krähe, aber diese entschuldigte sich bei ihnen:

„Ich fürchte, das Tageslicht reicht nur für ein halbes Jahr, weil ich nur eine kleine Kugel tragen konnte. Ich werde lange brauchen, um wieder zu Kräften zu kommen."

Doch die Menschen antworteten:

„Damit sind wir vollkommen zufrieden. Ein halbes Jahr Tageslicht ist besser als gar keines." Und so ist es im hohen Norden bei den Inuit sechs Monate lang Tag und sechs Monate lang Nacht.

Die Nachtigall und die Wunderquelle

In einem indianischen Dorf ging einmal eine schreckliche Krankheit um, die alle Menschen ohne Unterschied traf, egal ob alt oder jung, stark oder schwach. Die Menschen beteten zu den Geistern, sie mögen sie von der Krankheit befreien, doch es wurde einfach nicht besser.

Im Stamm lebte ein junger Krieger mit seiner Frau, die ebenfalls erkrankt war. Der Krieger war sehr traurig und besorgt, bis er eines Tages im Wald eine alte Frau traf.

„Warum bist du so traurig?", fragte ihn die Frau.

„Ich bin traurig, weil meine Frau sehr krank ist", antwortete der junge Mann.

„Ich kenne etwas, das deine geliebte Frau heilen kann. An einem Ort sehr weit von hier entfernt, im Osten, lebt ein Singvogel in der Nähe einer Wunderquelle. Geh und finde den Vogel, dann wirst du die einzige Quelle finden, die das Heilwasser hat."

Der junge Mann kehrte voller Hoffnung nach Hause zurück. Er bat seine Freunde, sich um seine Frau zu kümmern, sagte allen Lebewohl und machte sich für die lange Reise bereit.

Viele lange und anstrengende Tage wanderte er durch Schnee, über steile Berge und durch reißende Flüsse. Er fragte die Tiere nach dem Weg, aber keines konnte ihm helfen.

Er ging und ging, bis er an den Rand des verschneiten Landes kam, an einen Ort, wo die Luft milder war und die Flüsse langsam flossen. In dieser Nacht traf er einen Fuchs:

„Hallo", sagte das Tier, „wonach suchst du im nächtlichen Wald?"

Der junge Mann erklärte, warum er durch den Wald wanderte. Da sprach der Fuchs zu ihm:

„Weißt du, ich verfolge dich schon eine Weile und habe bemerkt, dass du stets freundlich zu allen Tieren warst, denen du begegnetest, auch wenn sie dir nicht halfen, und du hast sie mit großem Respekt behandelt. Dasselbe hast du mit den Blumen und Pflanzen in unseren Wäldern getan. Deshalb habe ich beschlossen, dir zu helfen und dich zu führen. Aber bevor wir weitergehen, musst du dich ausruhen, weil du von deiner langen Reise sehr müde bist."

Und so legte sich der junge Mann neben einen Baum schlafen. Der Fuchs blieb an seiner Seite,

um ihn zu beschützen. Im Traum erschien dem Mann seine Frau, sie sah krank und blass aus und summte eine Melodie. Im Hintergrund glaubte er das Murmeln eines Wasserfalls und eine Stimme zu hören, die sagte: „Finde mich, Krieger, und deiner Frau wird es besser gehen."

Am Morgen setzte er seinen Weg in Begleitung des Fuchses fort. Bald darauf hörte er, wie ein Vogel eine schöne Melodie sang. Es war genau dieselbe Melodie, die er in seinem Traum gehört hatte. Da wusste er, dass dies der kleine Vogel war, von dem die alte Frau ihm erzählt hatte, und er begann, nach der Wunderquelle zu suchen. Doch er konnte sie nirgends entdecken.

Der Fuchs sprach ihm Mut zu:

„Verzweifle nicht, suche weiter, und du wirst finden, was du brauchst."

Der junge Mann blieb zuversichtlich, und plötzlich vernahm er eine Stimme unter der Erde.

„Befreie mich! Befreie mich, und deine Frau und dein Volk sollen gerettet werden!"

Der Krieger griff nach einem spitzen Stock und begann mit aller Kraft zu graben, bis schließlich die Quelle aus der Erde sprudelte und den Boden mit ihren Heilkräften tränkte.

Glücklich, aber sehr müde von dieser harten Arbeit badete der junge Mann im Quellwasser und spürte, wie all seine Lebenskraft und Energie zurückkehrten, die er dringend brauchte.

„Nun, junger Mann. Meine Arbeit hier ist getan. Du hast gefunden, wonach du gesucht hast, und ich freue mich für dich. Du bist ein guter Mensch und verdienst es, mit deiner Frau und allen deinen Lieben glücklich zu sein", sagte der Fuchs, bevor er seines Weges ging.

Der junge Mann dankte ihm von ganzem Herzen, und im nächsten Augenblick war der Fuchs verschwunden. Der Krieger begann, aus der feuchten Erde eine Vase zu modellieren, die er bis zum Rand mit Wasser füllte. Er reiste auf demselben Weg zurück, den er gekommen war, aber nun so schnell wie der Wind, dank der frischen Energie, die ihm das Heilwasser geschenkt hatte.

Bei seiner Rückkehr ins Dorf erblickte er nur traurige Gesichter, weil die furchtbare Krankheit seinem Volk das Lächeln genommen hatte. Er ging zu der Hütte, in der seine Frau lag, entkräftet von ihrer Krankheit, und befeuchtete ihr die Lippen mit einigen Tropfen Wasser aus der Wunderquelle. Die Frau schlief, aber als sie aufwachte, war sie auf magische Weise geheilt: Die Krankheit war besiegt. Einen Dorfbewohner nach dem anderen heilte der Krieger mit dem Wasser aus der Quelle. Seitdem hat keine Krankheit den Frieden seines Stammes mehr gestört. Das Wasser der wundersamen Quelle benetzt die Erde bis heute, und ihr Murmeln wird begleitet vom melodischen Lied der Nachtigall.

Warum Wölfe den Mond anheulen

Vor langer Zeit saß einmal in einer warmen Julinacht ein Wolf auf einem Berg und heulte so laut er konnte.

Ein schmaler Halbmond schien am Himmel und spielte Verstecken hinter den weichen, zarten Wolken oder tanzte zwischen ihnen anmutig und fließend. Das Heulen des Wolfes war lang anhaltend, wiederholte sich und klang verzweifelt. Bald drang es der silbernen Königin der Nacht ans Ohr, die ihn, recht verärgert von all dem Lärm, fragte:

„Warum heulst du ständig? Kannst du nicht mal eine kleine Pause machen?"

„Ich habe einen meiner Söhne verloren, den Jüngsten in meinem Wurf. Ich bin verzweifelt ... bitte hilf mir!", flehte der Wolf.

Also begann der Mond langsam zuzunehmen. Immer weiter nahm er zu, bis er eine große, hell leuchtende Kugel war. Mit liebevollem Mitgefühl sagte der Mond zu dem leidenden Wolf:

„Nun schau, ob du dein kleines Wolfsjunges finden kannst."

Das Junge wurde am Rand eines Abgrunds gefunden, es zitterte vor Kälte und Angst. Mit einem Sprung packte der Vater seinen Sohn und hielt ihn fest, glücklich und erleichtert, ihn wiedergefunden zu haben. Er dankte dem Mond tausendfach und verschwand dann im dichten Wald. Um die Herzensgüte des Mondes zu belohnen, machten die Waldfeen ihm ein wunderschönes Geschenk: Alle dreißig Tage wurde er groß, rund und hell, und Jungtiere auf der ganzen Welt konnten zum Nachthimmel aufblicken und ihn in seiner ganzen Pracht bewundern. Die Wölfe wissen das ... Und deswegen heulen sie noch heute freudig den Vollmond an.

INDIANISCH

Der Kojote, der die Sonne stahl

Vor langer Zeit, als die Menschen gerade auf der Erde angekommen waren, waren sie die glücklichsten Wesen der Welt. Sie sprangen von einem Baum zum anderen, und ihre Kinder aßen Beeren. Doch als der Winter kam, war es sehr, sehr kalt.

Der Kojote brauchte, wie andere Tiere, keine Wärme. Aber eines Tages, als er an einem menschlichen Dorf vorbeikam, sah er die Verzweiflung der Menschen und wie sehr sie froren. „Die Sonne ist wirklich heiß", sagte ein Mann. „Wenn wir jetzt nur ein Stück Sonne in unseren Hütten hätten!" Der Kojote, der mit den Menschen fühlte, beschloss, ihnen zu helfen.

Es gab drei Feuerwesen, die auf einem sehr hohen Berg lebten. Sie hatten ein Stück Sonne, mit dem sie sich warm hielten, aber der Kojote wusste, dass sie es niemals hergeben würden. Also beschloss er, es für seine menschlichen Freunde zu stehlen. Er stieg auf den Berg, wartete, bis die Feuerwesen eingeschlafen waren, und stahl dann mithilfe eines Astes das Feuer. Die drei Feuerwesen merkten, dass das Feuer verschwunden war, und jagten dem Kojoten nach. Dieser floh den Berg hinunter, rannte durch den Wald und bat seine Freunde, den Waschbären, das Eichhörnchen, den Bären und den Hirsch, ihm zu helfen, die Feuerwesen aufzuhalten.

So konnten die Feuerwesen nicht durch den Wald in die Ebene gelangen und mussten umkehren. Der Kojote ließ den Ast mit dem Feuer in der Nähe des Dorfes liegen, und seitdem haben die Menschen ein Stück Sonne, das sie wärmt und ihnen auch in der dunkelsten Jahreszeit Licht spendet.

Die Geschichte der Farben

Vor langer Zeit war die Welt schwarz und weiß mit ein wenig Grau dazwischen. Es gab keine andere Farbe, und alle waren sehr traurig. Die Götter, die Menschen, die Tiere und die Pflanzen waren alle zu Tode gelangweilt, denn wohin sie sich auch wandten, sie sahen keine anderen Farben.

Eines Tages hielten die Götter eine Besprechung und beschlossen, sich auf die Suche nach anderen Farben zu machen. Jeder von ihnen ging seines eigenen Weges und versprach, zum Treffpunkt zurückzukehren, sobald er eine neue Farbe gefunden hatte.

Einer der Götter ging spazieren. Dabei war er so in Gedanken versunken, dass er seinen Kopf gegen einen Felsen schlug. Blut trat aus der Wunde, und der Gott weinte lange, weil sie schmerzte. Doch als er das Blut sah, bemerkte er, dass es eine andere Farbe hatte. Er ging zu den anderen, um ihnen davon zu berichten. Die Götter nannten die neue Farbe Rot.

Eine der Göttinnen begab sich auf die Suche nach der Farbe der Hoffnung. Müde von ihrer langen, anstrengenden Reise legte sie sich auf eine Wiese. Plötzlich bemerkte sie, dass die Wiese eine Farbe hatte, die sie noch nie zuvor gesehen hatte. Die Götter einigten sich darauf, die vierte Farbe Grün zu nennen.

Wieder eine andere Göttin grub ein sehr tiefes Loch, weil sie herausfinden wollte, welche Farbe die Erde hatte. Schließlich fand sie sie, und die Götter vereinbarten, die fünfte Farbe Braun zu nennen.

Ein Gott stieg auf einen sehr hohen Berg: Er wollte die Farbe der Welt von oben sehen. Als er sie sah, wusste er jedoch nicht, wie er sie hinunterbringen sollte, um sie den anderen zu zeigen. Also blieb er lange auf dem Gipfel des Berges stehen und schaute sie sehr lange an, bis seine Augen die Farbe angenommen hatten. Alle Götter bewunderten die Augen ihres Gefährten und nannten die sechste Farbe Blau.

Wieder ein anderer Gott näherte sich einem lachenden Jungen. Er stahl ihm sein Lächeln, und der Junge fing an zu weinen. Als der Gott mit dem Lächeln des Kindes zu dem Treffen kam, waren sich alle einig, dass die siebte Farbe Gelb heißen sollte.

Die Götter, die von ihrer langen Suche sehr erschöpft waren, beschlossen, sich auszuruhen. Aber zuerst legten sie alle Farben, die sie gefunden hatten, in eine kleine Kiste und stellten sie in den Schatten ihres großen heiligen Baumes. Sie hatten die Schachtel jedoch nicht sorgfältig verschlossen, und alle Farben entkamen. Sie begannen, sich zu vermischen und brachten viele neue Farben hervor. Als der heilige Baum sah, was vor sich ging, schützte er die Farben vor dem Regen, damit sie nicht weggespült wurden.

Nach ihrem Erwachen sahen die Götter, dass es eine Vielzahl von Farben gab, viel mehr als die sieben, die sie gefunden hatten, und sagten zu dem heiligen Baum:

„Da du alle Farben geschaffen hast, ist es nun deine Aufgabe, die Welt zu beschützen. Unsere ist es, sie bunt anzumalen."

So begannen die Götter, die Farben zu verstreuen. Gelb färbte die Sonne, Grün das Gras und die Blätter, Blau landete am Himmel und im Meer, Braun bedeckte die Erde, und Rot wurde von allen Kreaturen gefressen, sodass es sie innen färbte. Die Menschen hingegen wurden mit vielen Farben beworfen, deshalb haben sie unterschiedliche Hautfarben und Denkweisen.

Die Götter, müde und glücklich, dass sie die ganze Welt bunt gefärbt hatten, überlegten nun, wie sie die Farben bewahren könnten: Sie fürchteten, sie zu vergessen. In diesem Moment flog ein Ara vorbei. Die Götter fingen ihn, breiteten seine Federn aus und bemalten sie mit möglichst vielen Farben. Der Ara ist immer noch stolz darauf, den Menschen zeigen zu können, wie viele Farben und Denkweisen es gibt und dass Harmonie herrscht, wenn jeder so sein darf, wie er ist.

Der Tapir und der Brüllaffe

Ein Tapir und ein Brüllaffe liefen durch den Urwald. Der Tapir pfiff auf einer Pfeife. „Schenkst du mir deine Pfeife, Tapir?", fragte der Affe.

„Nein, Brüllaffe, ich kann sie dir nicht schenken, weil sie ein Geschenk meines Vaters ist."

„Also verkaufe sie mir."

„Nein, Brüllaffe, das geht nicht. Mein Vater hat sie mir geschenkt, weil sein Vater sie ihm geschenkt hat."

„Dann leih sie mir für eine Sekunde. Ich blase nur einmal hinein und gebe sie dir dann zurück."

Der Tapir gab ihm die Pfeife, aber der Affe lief damit davon und kletterte auf einen Baumwipfel.

„Gib mir meine Pfeife zurück!", rief der Tapir und begann den Baum zu schütteln, damit der Affe herunterfiel. Aber der Affe lachte nur und schwang sich von einem Baum zum anderen.

Seit diesem Tag wandert der Tapir unter den Bäumen umher und schüttelt sie, immer noch auf der Suche nach dem Brüllaffen. Doch der Affe kommt nie von den Bäumen herunter. Wenn er durstig ist, leckt er den Tau von den Blättern, statt aus einem Bach zu trinken. Hoch oben in den Bäumen fühlt er sich sicher.

KUBA
Der Löwe und die Mücke

Ein Löwe hielt vor dem Eingang zu seiner Höhle Mittagsschlaf. Er schlief tief und fest, als sich eine Mücke summend neben ihn setzte. Der Löwe schreckte aus dem Schlaf auf und rief:

„Wie kannst du es wagen, mich zu wecken? Vielleicht weißt du nicht, dass ich der König der Tiere bin?"

„Der König? Nun, mein lieber Löwe, ich kann nur sagen, dass du sehr schlechte Laune hast, aber du machst mir keine Angst", antwortete die Mücke keck.

„Ich mache dir keine Angst? Nun, ich werde sie dir beibringen", sagte der Löwe, stand auf und zeigte sich in seiner vollen, riesigen Größe. Dann riss er sein Maul auf, um die Mücke zu fressen, doch sie sprang dem Löwen mit einem Satz ins Nasenloch und biss ihn kräftig.

„Autsch! Meine Nase, meine Nase!", brüllte der Löwe und begann zu niesen.

Die Mücke kam aus der Nase des Löwen heraus und flog ihm direkt in eins seiner Ohren.

„Autsch, mein Ohr, mein Ohr! Verschwinde!", wimmerte der Löwe.

Doch ganz ohne Angst biss die Mücke den König der Tiere, so fest sie konnte, sodass er von einer Ecke der Höhle in die andere sprang, wild strampelte und versuchte, sich am ganzen Körper zu kratzen.

Als die Mücke ganz erschöpft war, beendete sie ihre Angriffe und begann, sich über den Löwen lustig zu machen:

„Und du willst unser König sein? Ich werde allen anderen Tieren erzählen, wie du mich gerade um Erbarmen angefleht hast. Dann werden sie dich auslachen und keine Angst mehr vor dir haben", sagte sie kühn. Aber als die Mücke davonflog, landete sie in einem Spinnennetz und blieb in dessen Fäden hängen.

Am Ende wurde sie von ihrem Hochmut besiegt.

Der Mann, der die Ziegen stahl

Es war einmal ein Bauer, der liebte den Besitz anderer Menschen viel mehr als seinen eigenen. Eines Tages, als er ein Dutzend Ziegen auf einem Feld in seiner Nähe grasen sah, beschloss er, sie auf seinen Grund zu locken und als seine eigenen zu brandmarken. Schon am folgenden Tag wurde er vor den Polizeichef gerufen. Verängstigt bat er einen Freund um Rat, wie er sich verteidigen könne.

Der Freund hatte eine sehr gute Idee:

„Du brauchst dir keine Sorgen zu machen. Beantworte einfach jede Frage, die dir gestellt wird, indem du meckerst wie eine alte Ziege!", schlug er vor.

Am Tag des Verhörs fragte der Polizeichef ihn, warum er die Ziegen gestohlen habe, und der Bauer antwortete laut:

„Mäh-äh-h! Mäh-äh-h!", und wiederholte dies immer und immer wieder.

„Es tut mir leid, vielleicht hast du meine Frage nicht verstanden ...", sagte der verwunderte Polizeichef und versuchte es erneut.

Aber wieder meckerte der Bauer wie eine Ziege, und der Richter war davon überzeugt, dass bei ihm eine Schraube locker war und er daher nicht verurteilt werden konnte.

Und so kam der Dieb ungeschoren davon.

Als er nach Hause kam, wartete sein Freund vor der Tür auf ihn. „Oh, da bist du ja, wie schön zu sehen, dass du ein freier Mann bist. Wenn ich nicht wäre, würdest du jetzt im Gefängnis sein. Ich dachte, du könntest das gutmachen, indem du mir die Hälfte der Ziegen gibst, die du gestohlen hast", sagte er zu dem Bauern.

Aber der Bauer, der sich noch allzu gut an den Rat seines Freundes erinnerte, begann so heftig zu meckern, wie er es vor dem Polizeichef getan hatte, und gab ihm überhaupt nichts ab.

ECUADOR
Zwei verliebte Vulkane

Die Bewohner der Erde haben sich den riesigen, imposanten Vulkan Imbabura immer als weisen Vater vorgestellt. Er erwacht jeden Morgen sehr früh und stellt sicher, dass alle ihre Arbeit tun. Er sorgt dafür, dass der Fluss das Wasser in die richtige Richtung leitet, dass der Wind keine Zeit damit verschwendet, mit den Bäumen auf dem Berg zu reden, anstatt von einer Seite zur anderen zu blasen, und dass jeder Mann und jede Frau ihre Pflichten erfüllen und die Felder bepflanzen, die Tiere auf die Weide bringen und die Hausarbeiten erledigen. Alles muss reibungslos laufen, denn jeder und alles ist Teil der natürlichen Harmonie, über die der riesige Vulkan wacht.

Deshalb erledigen alle - aus Respekt, aber auch ein bisschen aus Angst - ihre Arbeit gewissenhaft. Imbabura sandte jenen, die ihre Pflicht vernachlässigt hatten, mehr als einmal zur Warnung Eis oder Gewitterwolken ins Tal.

An einem schönen Tag im August, als der Duft frisch gepflügter Erde von den Feldern aufstieg, beschloss Imbabura, dem Vulkan Cotacachi eine Liebeserklärung zu machen, weil er sie schon seit Langem liebte. Imbabura suchte seine Geliebte mit einem Strauß frisch gepflückter Obstbäume auf und nutzte die Tatsache, dass nur wenige Wolken die Sicht erschwerten, um ihr direkt in die Augen zu schauen und seine Gefühle auszusprechen, stark und entschlossen wie der Fels, aus dem er gemacht war. Cotacachi lauschte seinen Worten reglos - wie nur Berge es können -, und als er fertig war, sagte sie, dass sie Jahre auf diesen Moment gewartet habe und sich nichts sehnlicher wünsche, als seine Frau zu sein. Die Schluchten bebten vor Leidenschaft, als sich die beiden Berge zum ersten Mal umarmten, und einen Moment lang erschütterten kleine Erdbeben das Tal. Wenn sich die beiden Vulkane besuchten, ließ von diesem Tag an einer bei dem anderen ein wenig Schnee zurück. Im Laufe der Jahre bekam Imbabura immer wieder starke Kopfschmerzen, die tagelang anhielten. Deshalb war sein Gipfel von weißen Wolken verhüllt.

Dennoch war das Tal zu ihren Füßen von dem Augenblick an, als sich die beiden Vulkane gefunden hatten, von einer neuen Atmosphäre der Liebe und des Vertrauens erfüllt. Man erzählte sich auch, dass die leichte Brise, die dort nachts wehte, von Cotacachi und Imbabura kommt, den beiden verliebten Vulkanen, die einander Küsse zuwerfen und sich gegenseitig süße Träume wünschen.

ARGENTINIEN
Armes Krokodil

Es schien ein ruhiger Tag im Wald zu werden, wie jeder andere auch. Doch plötzlich begannen alle Tiere zu feiern. Die Affen schwangen sich von Ast zu Ast, die Hyänen lachten mehr als sonst, die Zebras spielten Fangen und die Giraffen versuchten zu fliegen. Sogar die Kröte, von all der freudigen Aufregung angesteckt, hüpfte lebhaft. Jeder hatte einen Ball. Sie sangen, sie spielten miteinander und machten sich gegenseitig Komplimente ... Doch die Tiere hatten nicht bemerkt, dass sich der Löwe, der König des Dschungels, in eine dunkle, feuchte Höhle in der Nähe begeben hatte, um sein übliches Mittagsschläfchen zu halten. Er schreckte aus dem Schlaf auf und begann vor Wut zu brüllen:

„Was ist das für ein Lärm? Wer wagt es, den Schlaf des Königs des Dschungels zu stören?"

Die Tiere verstummten vor Schreck und versteckten sich in Windeseile. Nur die Kröte, mutig und aufdringlich wie immer, näherte sich der Höhle und fragte:

„Oh, König, warum bist du so wütend?"

„Niemand darf mir gegenüber respektlos sein", brüllte der Löwe. „Ich werde alle Tiere eins nach dem anderen verschlingen und mit denen anfangen, die Streifen haben."

„Oh nein, arme Zebras! Bitte, friss sie nicht, sie sind so nett", flehte die Kröte.

Aber der Löwe fuhr mit seinen Drohungen fort:

„Dann verschlinge ich alle Tiere mit einem langen Hals."

„Oh nein, arme Giraffen! Bitte friss sie nicht, sie haben niemandem etwas Böses getan", flehte die Kröte ihn wieder an.

„Danach verschlinge ich alle Tiere mit einem langen Schwanz."

„Oh nein, arme Affen! Bitte friss sie nicht! Wer wird uns dann noch unterhalten und zum Lachen bringen?", flehte die Kröte wieder.

Der Löwe starrte die Kröte an. Wer war dieses kleine, unbedeutende Tier, das es wagte, mit ihm zu reden und ihn um Gnade zu bitten?

„Na gut. Dann fresse ich eben alle aufdringlichen Tiere mit einem großen Maul!", brüllte er.

Die kleine Kröte hüpfte schnell davon, weil sie die Absichten des Löwen verstand, und rief aus: „Oh nein, armes Krokodil!"

PERU
Coquena

Chango war ein einfacher Hirte. Er hatte eine kleine Herde von nur fünf Ziegen, achtete aber immer darauf, dass sie frisches Gras zum Fressen und sauberes Wasser zum Trinken hatten. Die anderen Hirten, die ihn beobachteten, machten sich über ihn lustig:

„Chango, pass auf, dass du beim Zählen keinen Fehler machst! Bist du sicher, dass sie alle da sind und keine fehlt?"

Aber Chango antwortete immer lächelnd: „Fünf sind mehr als eine und eine ist mehr als keine."

Eines Tages schlugen die Hirten ihm vor, zum großen Berg zu gehen, wo er reichlich zartes Gras vorfinden würde.

Chango fragte sie, warum sie nicht selbst gingen, und sie antworteten, dass es zu weit und zu gefährlich sei. Aber Chango verlor nicht den Mut und beschloss, ihrem Rat zu folgen.

„Gehst du wirklich, Chango? Mit so wenigen Ziegen? Du musst wirklich verrückt sein!", sagten die alten Hirten.

Die Reise erwies sich als sehr anstrengend, aber nachdem Chango lange auf trostlosen und gefährlichen Wegen gelaufen war, erreichte er schließlich das Tal. Er war überwältigt. Es war die schönste Weide, die er je gesehen hatte.

Er legte sich ins Gras, während die Ziegen glücklich weideten. Dann wurde es plötzlich dunkel. Am Himmel erschienen große Wolken, es begann erst leicht zu regnen, dann zog im nächsten Augenblick ein Sturm auf.

Der Donner erschreckte die Ziegen, und sie stoben in alle Richtungen davon. Mit größter Mühe gelang es Chango, seine Ziegen wieder zusammenzutreiben und in Sicherheit zu bringen. Doch als er sie zählte, bemerkte er, dass eine fehlte - Moretta.

Er suchte verzweifelt nach ihr im Regen. Dann entdeckte er weiter unten im Tal eine Herde Lamas. Sie gingen geordnet auf einer Seite das Tal hinauf, als ob jemand sie führte - doch er konnte nicht sehen, wer das war.

„Es muss Coquena sein, der sie anführt", dachte Chango, „der Gott in Zwergengestalt, der sich unsichtbar machen kann."

Er ging der Lamaherde entgegen, weil er Coquena um Hilfe bitten wollte, aber als er den Hügel hinunterging, sah er auf einem Fels etwas Seltsames. Zuerst dachte er, es sei seine Ziege Moretta, aber als er näher kam, erblickte er ein kleines Lama, das zitterte und verwundet war.

„Armes Ding! Hab keine Angst. Ich kümmere mich um dich und bringe dich zu meinen Ziegen. Wenn du wieder gesund bist, kannst du zu deiner Herde zurückkehren."

Chango sprach leise mit dem Lama, aber als er sich bückte, um es hochzuheben, verschwand das kleine Lama und an seiner Stelle stand Coquena, der zu ihm sagte:

„Du bist ein guter Mann, kleiner Chango, äußerst gut. Sage mir, was du dir wünschst, und ich werde es dir geben. Willst du Gold, Silber? Eine sehr große Herde?"

„Danke, Coquena, ich möchte nichts davon. Aber bitte hilf mir, meine kleine Moretta zu finden." Der Gott war gerührt vom guten Wesen des jungen Hirten und zeigte nach Norden. Er sagte:

„Geh bis zum Ende des Pfades. Dort findest du eine Höhle. Alles, was du neben deiner Ziege siehst, gehört dir. Das ist mein Wille." Und damit verschwand er.

In der Höhle fand Chango Moretta und neben ihr eine Tasche voller Gold- und Silbermünzen. Als der Regen aufhörte, machte sich Chango glücklich auf den Heimweg.

Wie der Motmot das Feuer rettete

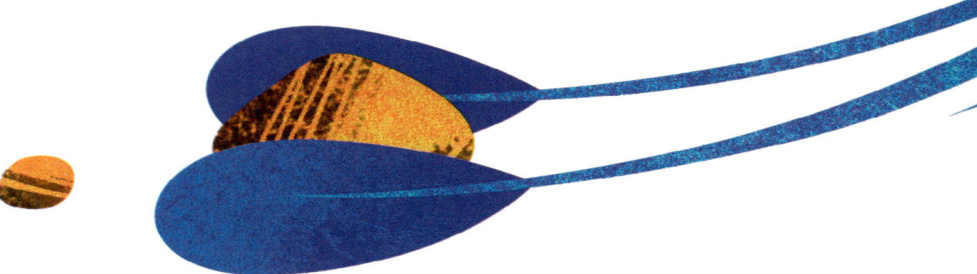

Eines schrecklichen Tages erloschen gleichzeitig die Feuer an allen Feuerstellen der Pareci-Indianer: die kleinen, auf denen gekocht wurde, die großen, die wärmten und die riesigen, von denen Rauchsignale gesendet wurden. Nur an einem geheimnisvollen, entlegenen Ort gab es noch eine kleine, glimmende Glut. Jemand musste sie schnell holen, bevor sie erlosch, sonst wäre die Welt ohne Feuer. Die Pareci-Indianer baten die Tiere im Wald um Hilfe, doch vergeblich. Manche sagten, sie hätten keine Zeit, andere fürchteten, sich zu verbrennen. Der Einzige, der sich dazu bereit erklärte, war der wunderschöne, grün und blau gefiederte Motmot mit seinem langen, langen Schwanz. Er breitete sogleich seine Lichtflügel aus und flog zu dem entlegenen Ort, wo die Glut noch brannte.

Der Motmot nahm die Glut in den Schnabel und machte sich auf den Heimweg. Sie war so unerträglich heiß, dass der Vogel sie zwischen seine beiden kräftigen Schwanzfedern stecken musste, um sich nicht zu verbrennen. Als der Motmot zu den Pareci zurückkam, versammelte sich der ganze Stamm um die kleine Glut und begann, in sie hineinzublasen, um sie wiederzubeleben. Als eine kleine Flamme aufflackerte, warfen sie sogleich trockene Blätter, Stöcke und Zweige hinein. Schließlich war das Feuer gerettet, und zur Feier dieses Ereignisses entzündeten sie in dieser Nacht ein großes Lagerfeuer.

Der Motmot saß auf einem Ast und beobachtete, wie die Flammen in den Himmel aufstiegen. Im flackernden Licht sah er, dass sich in seiner Schwanzspitze ein Loch befand, dort, wo die Glut ihm die Federn verbrannt hatte. Deshalb haben seine Schwanzfedern bis heute eine kahle Stelle.

BOLIVIEN
Die Kinder der Sonne

Der Morgen graute, als zwei leuchtende Kugeln lautlos aus der Sonne traten: Manco und Mama waren geboren. Vater Sonne zog sie liebevoll nahe der Anden zwischen Peru und Bolivien auf und wiegte seine Kinder in seinen warmen Strahlen.

Doch der Tag kam, an dem Manco und Mama Vater Sonne verlassen mussten, um einen Ort zu suchen, an dem sie eine wundervolle Stadt bauen konnten: die Hauptstadt des Inka-Reiches. Sie gingen mit einem schimmernden goldenen Stab mit magischen Kräften fort.

„Dort, wo es euch gelingt, den Stock in den Boden zu stecken, habt ihr den richtigen Platz für die neue Stadt gefunden", wurde ihnen gesagt. Die beiden Kinder versuchten überall, den Stock in die Erde zu stecken, aber wohin sie auch kamen, überall war die Erde trocken und steinhart. Müde und traurig setzten Manco und Mama ihre Suche fort, bis sie eines Tages ein grünes Tal entdeckten, in dem der Stock mühelos in den Boden glitt.

Voller Freude feierten Manco und Mama in den warmen, sanften Strahlen von Vater Sonne. Manco zeigte den Einheimischen den Zauberstab und erklärte, wie sie die neue Stadt bauen sollten, das Zentrum des großen Reiches. Unter Mancos Anleitung lernten sie, wie man Gemüse und Gärten an steilen Berghängen anlegt und Steine behaut, um robuste Steinhäuser damit zu bauen. Sie warfen lange Hängebrücken über die tiefen Schluchten und benutzten Metalle, um viele neue Werkzeuge zu bauen, die noch nie zuvor jemand gesehen hatte. Mama lehrte die Frauen, die Wolle von Lamas und Alpakas zu spinnen und zu weben. Die Hauptstadt des Reiches wurde fertiggestellt. Manco und Mama bekamen einen Sohn, den sie Sinchi nannten, und seitdem lebten die Inkas viele Jahrhunderte lang heiter und glücklich unter dem wohlwollenden Blick von Vater Sonne.

Der Schwanz des Affen

Es waren einmal ein Affe und ein Hase, die schlossen einen Pakt. Der Affe sollte Schmetterlinge jagen und der Hase Schlangen.

Eines Tages ging der Affe den Hasen besuchen, der gerade ein Nickerchen machte. Der Affe beschloss, dem Hasen einen Streich zu spielen. Er kitzelte ihn an den Ohren, sodass es sich anfühlte wie ein Schmetterling. Der Hase erwachte wütend und wollte sich an seinem schelmischen Freund rächen. Es bat das Gürteltier mit seiner berühmten Kraft um Hilfe.

Der Hase beobachtete den Affen einen ganzen Tag lang und wartete darauf, dass er einschlief. Als sein Freund endlich in den Schlaf sank, rief der Hase das Gürteltier herbei, und zusammen rollten sie einen großen Felsbrocken auf den Schwanz des schelmischen Affen.

Als der Affe aufwachte, zog er so fest an seinem Schwanz, dass er abriss.

Die Katze, die damals noch keinen Schwanz hatte, beobachtete die Szene, nahm den Schwanz des Affen blitzschnell an sich und rannte damit davon.

Der Affe war sehr wütend auf den Hasen, fand es aber wichtiger, die Katze zu suchen. Denn wie sollte er ohne seinen Schwanz leben? Wie sollte er auf Bäume klettern können?

Als er die Katze fand, forderte er seinen Schwanz zurück, doch die Katze antwortete:

„Ich gebe ihn dir nur zurück, wenn du mir etwas Milch dafür bringst!"

„Und wo finde ich Milch?"

„Geh zur Kuh und bitte sie darum", antwortete die Katze. Das tat der Affe. Er fand die Kuh und bat sie um etwas Milch, aber sie antwortete, dass sie erst etwas Gras dafür haben wol te.

„Und wo finde ich Gras?", fragte der Affe.

„Frag den Bauern", antwortete die Kuh. Und das tat der Affe.

Der Bauer wollte etwas Regen im Austausch für das Gras und forderte den Affen auf, d e Wolken darum zu bitten.

Die Wolken verlangten ein wenig Nebel für den Regen. Der Affe würde den Fluss fragen müssen. Der Fluss verlangte eine Quelle, um sich von ihr zu nähren.

Und der Affe - inzwischen sehr müde - fragte den Fluss: „Wo finde ich eine Quelle?'

„Geh und suche sie zwischen den Felser in unseren Bergen", antwortete der Fluss.

Der Affe machte sich auf den Weg, und als er in die Berge kam, begann er, nach der Quelle zu suchen. Schließlich fand er sie und brachte sie zum Fluss. Im Austausch erhielt er etwas Nebel. Den Nebel brachte er zu den Wolken und sie gaben ihm etwas Regen. Den Regen brachte er zum Bauern und dafür bekam er etwas Gras. Das Gras gab er der Kuh gegen etwas Milch, und schließlich ging er zur Katze, gab ihr die Milch und bekam wie versprochen seinen Schwanz zurück.

Überglücklich, seinen Schwanz wieder zu haben, tanzte der Affe und sprang hin und her. Dies ist der Grund, warum Affen immer so fröhlich sind (und so gut auf ihre Schwänze aufpassen).

Der Elefanten-baum

Es war einmal ein Indianerstamm, der in Zentralargentinien lebte und vom Anbau von Mais lebte, der ein kostbares Nahrungsmittel war.

Der Legende nach beauftragten sie einmal ein Mädchen aus ihrem Stamm damit, sich um ihre Maispflanzen zu kümmern, die unter den warmen Sonnenstrahlen wuchsen. In diesem Jahr jedoch kam kein Regen, und die Pflanzen begannen zu verdorren und zu sterben. Aber das Mädchen, das über sie wachte, verzweifelte nicht. Es stellte sich mit ausgebreiteten Armen auf und schützte die Pflanzen so lange vor der Sonne, bis die Maiskolben gereift waren. Als die Stammesangehörigen des Mädchens dorthin zurückkehrten, wo sie es zurückgelassen hatten, fanden sie statt des Mädchens einen sehr schönen Laubbaum vor, der alles um sich herum beschattete.

Dies ist der Ursprung der Legende des Elefantenbaumes, der in Argentinien in Wüstenregionen wächst und Reisenden in der sengenden Sonne Schatten spendet.

AUSTRALIEN
Das magische Feuer

In Australien erzählt man sich, dass die Fische einst an Land lebten. Eines Tages beschloss der Stamm der Fische, nachdem er von der Jagd zurückgekommen war, sich am Flussufer im Schatten eines großen Baumes auszuruhen.

Die geschickteren Fische entzündeten ein Feuer, um die Früchte ihrer Jagd zu kochen, wurden aber plötzlich von einer düsteren schwarzen Wolke überrascht, die die Sonne verdeckte. Große, schwere Regentropfen fielen vom Himmel, löschten das Feuer, und ein eisiger Wind ließ die armen Fische vor Kälte zittern.

„Wir müssen das Feuer wieder anzünden", sagte Thuggai, der alte Häuptling des Stammes, „sonst sterben wir vor Kälte."

Einige Fische versuchten, die Flamme wiederzubeleben, aber das Holz war zu feucht. Jeder Versuch scheiterte. Entmutigt dachte Thuggai, dass sie nur gerettet wären, wenn die Sonne wieder herauskäme. Doch dann verneigte sich der kleinste und jüngste Fisch des Stammes vor dem Häuptling und sagte:

„Bitten Sie meinen Vater, Guddhu, den Kabeljau, das Feuer anzuzünden. Er ist sehr geschickt."

Der Häuptling des Stammes befolgte den Rat des jungen Fisches und lud Guddhu ein, es zu versuchen. Der Kabeljau brach einige Rindenstücke vom Baum und legte sie oben auf den noch warmen Aschehaufen. Dann kniete er sich ans Feuer und begann geduldig hineinzublasen, bis die schwache Flamme größer und stärker wurde.

Plötzlich fegte ein Windstoß den Hügel herab und blies das Feuer auf die Fische, die sich, um Guddhus Können zu bewundern, in einem Kreis um die Flamme versammelt hatten. Erschrocken rollten sie über- und untereinander den Hang hinunter und fielen schließlich unten in den Fluss. Sein Wasser war eiskalt!

Vom Wind davongetragen, fiel auch das von Guddhu entzündete Feuer mit in den Fluss. Aber die Flamme erlosch nicht. Das Feuer glimmte weiter und erwärmte das Wasser, und bald fühlten sich die Fische sehr wohl. Tatsächlich wurde das Wasser durch Guddhus Feuer so wohlig und angenehm, dass die Fische beschlossen, nie wieder an Land zurückzukehren.

AUSTRALIEN
Die schwarze Schlange

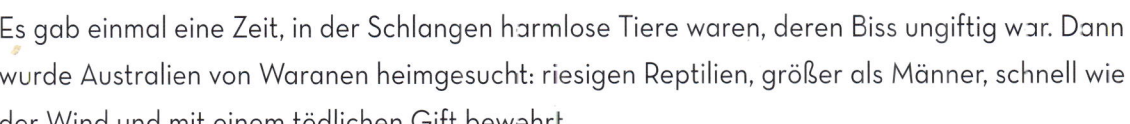

Es gab einmal eine Zeit, in der Schlangen harmlose Tiere waren, deren Biss ungiftig war. Dann wurde Australien von Waranen heimgesucht: riesigen Reptilien, größer als Männer, schnell wie der Wind und mit einem tödlichen Gift bewehrt.

Diese großen Raubtiere verschlangen alles, was ihnen in die Quere kam; sie terrorisierten Menschen und Tiere gleichermaßen.

Eines Tages hatte eine schwarze Schlange eine Idee: Sie näherte sich einem Waran und schlug ihm vor, Freundschaft zu schließen. Sie, eine kleine und stille Schlange, könnte Australien auf der Suche nach Nahrung durchstreifen und dem Waran dann sagen, wo er diese finden könnte. Das riesige Reptil nahm an, und eine Zeit lang lebten die beiden zusammen.

Eines Abends sah die Schlange vor dem Einschlafen, wie der Waran den Beutel mit seinem tödlichen Gift unter einem Felsbrocken versteckte. In dieser Nacht stahl die Schlange den Giftbeutel und glitt davon.

Seit diesem Tag sind Warane harmlose Reptilien, während die Nachkommen der schwarzen Schlange alle extrem giftig sind.

Anna Láng

ist Grafikerin und Illustratorin aus Ungarn, heute lebt und arbeitet sie auf Sardinien. Sie besuchte die Ungarische Akademie der Bildenden Künste in Budapest und legte 2011 ihr Examen als Grafik-Designerin ab. Anschließend arbeitete sie drei Jahre für eine Werbeagentur und zeit-gleich für das Nationaltheater in Budapest. 2013 gewann sie bei der Ungarischen Biennale für Grafik-Design für ihre Serie von Shakespeare-Plakaten den Preis der Stadt Békéscsaba. Zurzeit illustriert sie mit großer Leidenschaft Kinderbücher. In den letzten Jahren hat sie mehrere Titel für White Star Kids auf zauberhafte Weise illustriert.

WHITE STAR KIDS

White Star Kids® ist eine eingetragene Marke von White Star s.r.l.

© 2020 White Star s.r.l.
Piazzale Luigi Cadorna, 6
20123 Mailand, Italien
www.whitestar.it

Übersetzung und Satz: Anke Wellner-Kempf, Ilmmünster
Lektorat: Antje Seidel, trans texas publishing services, Köln und Petra Hirscher, Augsburg

ISBN 978-88-6312-417-0
 2 3 4 5 6   24 23 22 21 20

Gedruckt in Slowenien